16	3	2	13
5	10	11	8
9	6	7	12
4	15	14	1

Mikhail Bakhtin

Os gêneros do discurso

Organização, tradução, posfácio e notas
Paulo Bezerra

Notas da edição russa
Serguei Botcharov

editora■34

EDITORA 34

Editora 34 Ltda.
Rua Hungria, 592 Jardim Europa CEP 01455-000
São Paulo - SP Brasil Tel/Fax (11) 3811-6777 www.editora34.com.br

Copyright © Editora 34 Ltda. (edição brasileira), 2016
Tradução @ Paulo Bezerra, 2016
Copyright © Mikhail Bakhtin
Published by arrangement with Elena Vladimirovna Ermilova
and Serguey Georgevich Bocharov. All rights reserved.

A FOTOCÓPIA DE QUALQUER FOLHA DESTE LIVRO É ILEGAL E CONFIGURA UMA
APROPRIAÇÃO INDEVIDA DOS DIREITOS INTELECTUAIS E PATRIMONIAIS DO AUTOR.

Capa, projeto gráfico e editoração eletrônica:
Bracher & Malta Produção Gráfica

Revisão:
Danilo Hora, Beatriz de Freitas Moreira

1ª Edição - 2016 (4ª Reimpressão - 2022)

CIP - Brasil. Catalogação-na-Fonte
(Sindicato Nacional dos Editores de Livros, RJ, Brasil)

Bakhtin, Mikhail (1895-1975)

B142g   Os gêneros do discurso / Mikhail Bakhtin;
organização, tradução, posfácio e notas de Paulo
Bezerra; notas da edição russa de Serguei Botcharov.
— São Paulo: Editora 34, 2016 (1ª Edição).
176 p.

ISBN 978-85-7326-636-8

1. Linguística. 2. Teoria da comunicação.
3. Filosofia da linguagem. I. Bezerra, Paulo.
II. Botcharov, Serguei. III. Título.

CDD - 410

Os gêneros do discurso

Nota à edição brasileira 7

Os gêneros do discurso 11
O texto na linguística, na filologia
    e em outras ciências humanas 71
Anexos
Nota do tradutor aos "Diálogos" 111
Diálogo I. A questão do discurso dialógico 113
Diálogo II 125

Posfácio, *Paulo Bezerra* 151

Sobre o autor 171
Sobre o tradutor 173

Nota à edição brasileira

Este volume reúne quatro textos de Mikhail Mikháilovitch Bakhtin (1895-1975): "Os gêneros do discurso", "O texto na linguística, na filologia e em outras ciências humanas", "Diálogo I. A questão do discurso dialógico" e "Diálogo II".

Os dois primeiros textos foram publicados na coletânea *Estétika sloviésnovo tvórtchestva* (*Estética da criação verbal*, Moscou, Iskusstvo, 1979), com organização e notas de Serguei Botcharov, e depois no tomo 5 das *Obras reunidas* de M. M. Bakhtin (*Sobránie sotchiniénii*, Moscou, Rússkii Slovarí, 1997), volume organizado por Botcharov e Liudmila Gogotichvíli, com os títulos "Problemi retchevikh jánrov" ("Problemas dos gêneros do discurso") e "Problema teksta v linguistike, filologii i drugikh gumanitarnikh naukakh" ("O problema do texto na linguística, na filologia e em outras ciências humanas"). A tradução de Paulo Bezerra foi publicada originalmente na coletânea *Estética da criação verbal* (São Paulo, Martins Fontes, 2003) e revista para esta edição com cotejo à edição das *Obras reunidas*.

"Dialog I. Problema dialogítcheskoi riétchi" e "Dialog II" são inéditos no Brasil, e foram traduzidos a partir do citado tomo 5 das *Obras reunidas* de Bakhtin.

Os textos apresentam três tipos de notas de rodapé: as notas de Bakhtin; as notas do organizador da edição russa, Serguei Botcharov, assinaladas com (N. da E.); e as notas do tradutor Paulo Bezerra, assinaladas com (N. do T.).

"O texto na linguística..." foi separado em dois textos diferentes no tomo 5 das *Obras reunidas* de Bakhtin, publicado em 1997: "O problema do texto na linguística..." e "Apontamentos de 1961" ("1961 god. zametki"). Respeitou-se aqui, no entanto, a edição de 1979 do ensaio, publicada em *Estétika sloviésnovo tvórtchestva*.

"Os gêneros do discurso" foi escrito por Bakhtin entre 1952 e 1953 em Saransk (capital da república da Mordóvia, na União Soviética, 630 km a leste de Moscou), e integrava um projeto de livro não realizado pelo autor. Os manuscritos foram publicados pela primeira vez na revista *Literaturnoi Utchebe* (*Estudo Literário*), n° 1, 1978, pp. 200-19.

Os apontamentos de 1959-1961 do autor reunidos em "O texto na linguística, na filologia e em outras ciências humanas" foram publicados pela primeira vez com o título "O problema do texto" em *Vopróssi Literaturi* (*Questões de Literatura*), n° 10, 1976, pp. 329-39, revista dirigida por Vadim Kójinov.

Os dois "Diálogos" permaneceram inéditos até sua publicação nas *Obras reunidas* de Bakhtin em 1997.

Os gêneros do discurso

Os gêneros do discurso

1. O PROBLEMA E SUA DEFINIÇÃO

Todos os diversos campos da atividade humana estão ligados ao uso da linguagem. Compreende-se perfeitamente que o caráter e as formas desse uso sejam tão multiformes quanto os campos da atividade humana, o que, é claro, não contradiz a unidade nacional de uma língua. O emprego da língua efetua-se em forma de enunciados[1] (orais e escritos) concretos e únicos, proferidos pelos integrantes desse ou daquele campo da atividade humana. Esses enunciados refletem as condições específicas e as finalidades de cada referido campo não só por seu conteúdo (temático) e pelo estilo da lin-

---

[1] Bakhtin emprega o termo *viskázivanie*, derivado do infinitivo *viskázivat*, que significa ato de enunciar, de exprimir, transmitir pensamentos, sentimentos, etc. em palavras. O próprio autor situa *viskázivanie* no campo da *parole* saussuriana. Em *Marxismo e filosofia da linguagem* (Hucitec, São Paulo), livro atribuído a Bakhtin, mas assinado por V. N. Volóchinov e até hoje sem autoria definida, o mesmo termo aparece traduzido para o português como "enunciado" e "enunciação". Mas Bakhtin não faz distinção entre enunciação e enunciado, ou melhor, emprega o termo *viskázivanie* quer para o ato de produção do discurso oral, quer para o discurso escrito, o discurso da cultura, um romance já publicado e absorvido por uma cultura, etc. Por essa razão, resolvi não desdobrar o termo (já que o próprio autor não o fez!) e traduzir *viskázivanie* por "enunciado". (N. do T.)

guagem, ou seja, pela seleção dos recursos lexicais, fraseológicos e gramaticais da língua, mas, acima de tudo, por sua construção composicional. Todos esses três elementos — o conteúdo temático, o estilo, a construção composicional — estão indissoluvelmente ligados *no conjunto* do enunciado e são igualmente determinados pela especificidade de um campo da comunicação. Evidentemente, cada enunciado particular é individual, mas cada campo de utilização da língua elabora seus *tipos relativamente estáveis* de enunciados, os quais denominamos *gêneros do discurso*.

A riqueza e a diversidade dos gêneros do discurso são infinitas porque são inesgotáveis as possibilidades da multifacetada atividade humana e porque em cada campo dessa atividade vem sendo elaborado todo um repertório de gêneros do discurso, que cresce e se diferencia à medida que tal campo se desenvolve e ganha complexidade. Cabe salientar em especial a extrema *heterogeneidade* dos gêneros do discurso (orais e escritos). De fato, também devemos incluir nos gêneros do discurso as breves réplicas do diálogo do cotidiano (saliente-se que a diversidade das modalidades de diálogo cotidiano é extraordinariamente grande em função do seu tema, da situação e da composição dos participantes), o relato cotidiano, a carta (em todas as suas diversas formas), o comando militar lacônico padronizado, a ordem desdobrada e detalhada, o repertório bastante vário (padronizado na maioria dos casos) dos documentos oficiais e o diversificado universo das manifestações publicísticas (no amplo sentido do termo: sociais, políticas); mas aí também devemos incluir as variadas formas das manifestações científicas e todos os gêneros literários (do provérbio ao romance de múltiplos volumes). Pode parecer que a heterogeneidade dos gêneros discursivos é tão grande que não há nem pode haver um plano único para o seu estudo: porque, neste caso, em um plano do estudo aparecem fenômenos sumamente heterogêneos, como as réplicas monovocais do cotidiano e o romance de muitos volumes, a ordem militar padronizada e até obrigatória por sua entonação e uma obra lírica profundamente individual, etc. A heterogeneidade funcional, como se pode pensar, torna os traços gerais dos gêneros discursivos demasiadamente abstratos e vazios. A isto provavelmente se deve o fato de que a questão geral dos gêneros discursivos nunca foi verdadeiramente colocada. O que mais se estudava eram os gêneros literários. Mas da Antiguidade aos nossos dias eles foram estudados num corte da sua especificidade artístico-literária, nas distinções diferenciais entre eles (no âmbito da literatura) e não como determinados tipos de enunciados, que são diferentes de outros tipos mas têm com estes uma natureza *verbal* (linguística) comum. Quase não se levava em conta a questão geral do enunciado e dos seus tipos. Da Antiguidade até hoje, estudaram-se os gêneros retóricos (demais, as épocas subsequentes pouco acrescentaram à teoria antiga); aí já se deu mais atenção à natureza verbal desses gêneros como enunciados, a tais momentos, por exemplo, como a relação com o ouvinte e sua influência sobre o enunciado, sobre a conclusibilidade verbal específica do enunciado (à diferença da conclusibilidade do pensamento), etc. Ainda assim, também aí a especificidade dos gêneros retóricos (jurídicos, políticos) encobria a sua natureza linguística geral. Por último, estudaram-se também os gêneros discursivos do cotidiano (predominantemente as réplicas do diálogo cotidiano) e, ademais, precisamente do ponto de vista da linguística geral (na escola de Saussure,[2] em seus adeptos modernos — os es-

---

[2] O fundamento da doutrina de Saussure é a distinção entre língua (*la langue*) como sistema de signos e formas interligadas, que determina normativamente cada ato particular de fala e é o objeto específico da linguística, e fala (*la parole*) como emprego individual da língua. Bakhtin analisou a doutrina de Saussure no livro *Marxismo e filosofia da linguagem* (Leningrado, Pribói, 1929) como uma das duas correntes centrais do pensamento linguístico-filosófico (como corrente do "objetivismo abstrato") das quais ele separa a sua teoria do enunciado (cf. V. N. Volóchinov, *Mar-*

truturalistas, nos behavioristas americanos[3] e, em bases linguísticas totalmente distintas, nos seguidores de Vossler[4]). Contudo, esse estudo tampouco podia redundar em uma definição correta da natureza universalmente linguística do enunciado, uma vez que estava restrito à especificidade do

xismo e filosofia da linguagem, cit., pp. 53-84). A escola de Saussure é representada em primeiro lugar pelos seus discípulos Charles Bally e Albert Sechehaye. (N. da E.)

[3] O behaviorismo é uma corrente da psicologia contemporânea, principalmente nos Estados Unidos. Essa corrente julga a atividade psíquica do homem com base em suas reações externamente expressas e considera o comportamento como um sistema de respostas a estímulos externos no plano do momento presente. O behaviorismo serviu como orientação para a linguística descritiva americana, cujo maior representante, Leonard Bloomfield, guiou-se pelo esquema do "estímulo-resposta" na descrição do processo discursivo. (N. da E.)

[4] O vosslerianismo é a escola filológica do linguista alemão Karl Vossler e seus seguidores, entre os quais se destaca particularmente Leo Spitzer, cujos livros Bakhtin cita reiteradamente em seus trabalhos. Em *Marxismo e filosofia da linguagem*, a escola de Vossler é caracterizada como "uma das correntes mais poderosas do pensamento linguístico-filosófico atual" (p. 51). Para os vosslerianos, a realidade linguística é a atividade criadora constante, realizada por atos individuais de discurso: a criação da linguagem é assemelhada à criação artística; a disciplina linguística principal passa a ser a estilística; "o primado da estilística sobre a gramática", o primado do ponto de vista do falante (em oposição ao primado do ponto de vista do ouvinte na linguística de Saussure) e o primado da função estética caracterizam a concepção vossleriana de linguagem. Em algumas passagens essenciais da *Estética da criação verbal*, Bakhtin se aproxima da escola de Vossler (ao mesmo tempo que recusa em maior medida o "objetivismo abstrato da linguística") — antes de tudo na concepção do enunciado como realidade concreta da vida da linguagem; entretanto, a teoria bakhtiniana do discurso diverge da concepção vossleriana de expressão e enunciado como ato discursivo individual, salientando o seu momento determinante de "socialidade interna" na comunicação discursiva — momento objetivamente consolidado nos gêneros do discurso. Assim, a ideia de gêneros do discurso separa a metalinguística de Bakhtin tanto da corrente saussuriana quanto da vossleriana na filosofia da linguagem. (N. da E.)

discurso oral cotidiano, por vezes orientando-se diretamente em enunciados deliberadamente primitivos (os behavioristas americanos).

Jamais se deve minimizar a extrema heterogeneidade dos gêneros discursivos e a dificuldade daí advinda de definir a natureza geral do enunciado. Aqui é de especial importância atentar para a diferença essencial entre os gêneros discursivos primários (simples) e secundários (complexos) — não se trata de uma diferença funcional. Os gêneros discursivos secundários (complexos — romances, dramas, pesquisas científicas de toda espécie, os grandes gêneros publicísticos, etc.) surgem nas condições de um convívio cultural mais complexo e relativamente muito desenvolvido e organizado (predominantemente o escrito) — ficcional, científico, sociopolítico, etc. No processo de sua formação eles incorporam e reelaboram diversos gêneros primários (simples), que se formaram nas condições da comunicação discursiva imediata. Esses gêneros primários, ao integrarem os complexos, nestes se transformam e adquirem um caráter especial: perdem o vínculo imediato com a realidade concreta e os enunciados reais alheios: por exemplo, a réplica do diálogo cotidiano ou da carta no romance, ao manterem a sua forma e o significado cotidiano apenas no plano do conteúdo romanesco, integram a realidade concreta apenas através do conjunto do romance, ou seja, como acontecimento artístico-literário e não da vida cotidiana. Em seu conjunto, o romance é um enunciado, assim como a réplica do diálogo cotidiano ou uma carta privada (ele tem a mesma natureza dessas duas), mas difere deles por ser um enunciado secundário (complexo).

A diferença entre os gêneros (ideológicos) primário e secundário é imensa e essencial, e é por isso mesmo que a natureza do enunciado deve ser descoberta e definida por meio da análise de ambas as modalidades; apenas sob essa condição a definição pode vir a ser adequada à natureza complexa e profunda do enunciado (e abranger as suas facetas mais importantes); a orientação unilateral centrada nos gêneros primários redunda fatalmente na vulgarização de todo o problema (o behaviorismo linguístico é o grau extremado de tal vulgarização). A própria relação mútua dos gêneros primários e secundários, bem como o processo de formação histórica dos últimos, lançam luz sobre a natureza do enunciado (e antes de tudo sobre o complexo problema da relação de reciprocidade entre linguagem e ideologia, linguagem e visão de mundo).

O estudo da natureza do enunciado e da diversidade de formas de gênero dos enunciados nos diversos campos da atividade humana é de enorme importância para quase todos os campos da linguística e da filologia. Porque todo trabalho de investigação de um material linguístico concreto — seja de história da língua, de gramática normativa, de confecção de toda espécie de dicionários ou de estilística da língua, etc. — opera inevitavelmente com enunciados concretos (escritos e orais) relacionados a diferentes campos da atividade humana e da comunicação — anais, tratados, textos de leis, documentos de escritório e outros, diversos gêneros literários, científicos, publicísticos, cartas oficiais e comuns, réplicas do diálogo cotidiano (em todas as suas diversas modalidades), etc. de onde os pesquisadores haurem os fatos linguísticos de que necessitam. Achamos que em qualquer corrente especial de estudo faz-se necessária uma noção precisa da natureza do enunciado em geral e das particularidades dos diversos tipos de enunciados (primários e secundários), isto é, dos diversos gêneros do discurso. O desconhecimento da natureza do enunciado e a relação indiferente com as peculiaridades das diversidades de gênero do discurso em qualquer campo da investigação linguística redundam em formalismo e em uma abstração exagerada, deformam a historicidade da investigação, debilitam as relações da língua com a vida. Ora, a língua passa a integrar a vida através de enunciados concretos (que a realizam); é igualmente através de enunciados concretos que a vida entra na língua. O enunciado é um núcleo problemático de importância excepcional. Examinemos nesse corte alguns campos e problemas da linguística. Tratemos em primeiro lugar da estilística. Todo estilo está indissoluvelmente ligado ao enunciado e às formas típicas de enunciados, ou seja, aos gêneros do discurso. Todo enunciado — oral e escrito, primário e secundário e também em qualquer campo da comunicação discursiva (*rietchevóie obschênie*)[5] — é individual e por isso pode refletir a individualidade do falante (ou de quem escreve), isto é, pode ter estilo individual. Entretanto, nem todos os gêneros são igualmente propícios a tal reflexo da individualidade do falante na linguagem do enunciado, ou seja, ao estilo individual. Os mais favoráveis são os gêneros da literatura de ficção: aqui o estilo individual integra diretamente o próprio edifício do enunciado, é um de seus objetivos principais (contudo, no âmbito da literatura de ficção os diferentes gêneros são diferentes possibilidades para a expressão da individualidade da linguagem através de diferentes aspectos dessa individualidade). As condições menos propícias para o reflexo da individualidade na linguagem estão presentes naqueles gêneros do discurso que requerem uma forma padronizada, por exemplo, em muitas modalidades de documentos oficiais, de ordens militares, nos sinais verbalizados da produção, etc. Aqui só podem refletir-se os aspectos mais superficiais, quase biológicos da individualidade (e ainda assim predominantemente na realização oral dos enunciados desses tipos padronizados). Na imensa maioria dos gêneros discursivos (exceto nos artístico-literários), o estilo individual não faz parte do pla-

---

[5] *Obschênie*, substantivo neutro, é comunicação, *rietchevóie* é derivação de *riétch*, que é discurso, fala, em alguns aspectos linguagem, mas aqui, na acepção bakhtiniana, é discurso, daí traduzirmos *rietchevói* como "discursivo" e *rietchevóie obschênie* como "comunicação discursiva", porque é esse o sentido do pensamento de Bakhtin. (N. do T.)

no do enunciado, não serve como um objetivo seu mas é, por assim dizer, um epifenômeno do enunciado, seu produto complementar. Em diferentes gêneros podem revelar-se diferentes camadas e aspectos de uma personalidade individual, o estilo individual pode encontrar-se em diversas relações de reciprocidade com a língua nacional. A própria questão da língua nacional na linguagem individual é, em seus fundamentos, uma questão de enunciado (porque só nele, no enunciado, a língua nacional se materializa na forma individual). A própria definição de estilo em geral e de estilo individual em particular exige um estudo mais profundo tanto da natureza do enunciado quanto da diversidade de gêneros discursivos.

A relação orgânica e indissolúvel do estilo com o gênero se revela nitidamente também na questão dos estilos de linguagem ou funcionais. No fundo, os estilos de linguagem ou funcionais não são outra coisa senão estilos de gênero de determinadas esferas da atividade humana e da comunicação. Em cada campo existem e são empregados gêneros que correspondem às condições específicas de dado campo; é a esses gêneros que correspondem determinados estilos. Uma função (científica, técnica, publicística, oficial, cotidiana) e certas condições de comunicação discursiva, específicas de cada campo, geram determinados gêneros, isto é, determinados tipos de enunciados estilísticos, temáticos e composicionais relativamente estáveis. O estilo é indissociável de determinadas unidades temáticas e — o que é de especial importância — de determinadas unidades composicionais: de determinados tipos de construção do conjunto, de tipos do seu acabamento, de tipos da relação do falante com outros participantes da comunicação discursiva — com os ouvintes, os leitores, os parceiros, o discurso do outro, etc. O estilo integra a unidade de gênero do enunciado como seu elemento. Isto não significa, evidentemente, que o estilo de linguagem não possa se tornar objeto de um estudo especial independente. Semelhante estudo, ou seja, a estilística da língua como disciplina autônoma, também é possível e necessário. No entanto, esse estudo só será correto e eficaz se levar permanentemente em conta a natureza do gênero dos estilos linguísticos e basear-se no estudo prévio das modalidades de gêneros do discurso. Até hoje a estilística da língua careceu de semelhante base. Daí a sua fraqueza. Não existe uma classificação dos estilos de linguagem que goze de reconhecimento geral. Os autores das classificações frequentemente deturpam a principal exigência lógica da classificação — a unidade do fundamento. As classificações são sumamente pobres e não diferenciadas. Por exemplo, numa gramática acadêmica da língua russa recentemente publicada são apresentadas as seguintes variedades estilísticas da língua: o discurso do livro, o discurso popular, os discursos abstrato-científico, técnico-científico, jornalístico-publicístico, oficial, familiar cotidiano, discurso popular vulgar. Paralelamente a esses estilos de linguagem, figuram como modalidades estilísticas palavras dialetais, palavras arcaicas, expressões profissionais. Semelhante classificação dos estilos é absolutamente aleatória, baseia-se em diferentes princípios (ou fundamentos) de divisão em estilos. Além disso, essa classificação é também pobre e pouco diferenciada.[6] Tudo isso é resultado direto da incompreensão da natureza de gênero dos estilos de linguagem e da ausência de uma classificação bem pensada dos gêneros discursivos por campos de atividade (bem como da distinção, muito importante para a estilística, entre gêneros primários e secundários).

[6] Classificações igualmente pobres, vagas e sem um fundamento bem pensado dos estilos de linguagem são apresentadas por A. N. Gvózdiev em seu livro *Ensaios de estilo da língua russa* (*Ótcherki po stilístike rússkovo yaziká*, Moscou, 1952, pp. 13-5). Essas classificações se baseiam numa assimilação acrítica das noções tradicionais de estilos de linguagem.

A separação dos estilos em relação aos gêneros manifesta-se de forma particularmente nociva na elaboração de uma série de questões históricas. As mudanças históricas dos estilos de linguagem estão indissoluvelmente ligadas às mudanças dos gêneros do discurso. A linguagem literária é um sistema dinâmico e complexo de estilos de linguagem; o peso específico desses estilos e sua inter-relação no sistema da linguagem literária estão em mudança permanente. A linguagem da literatura, cuja composição é integrada pelos estilos da linguagem não literária, é um sistema ainda mais complexo e organizado em outras bases. Para entender a complexa dinâmica histórica desses sistemas, para passar da descrição simples (e superficial na maioria dos casos) dos estilos que estão presentes e se alternam para a explicação histórica dessas mudanças faz-se necessária uma elaboração especial da história dos gêneros discursivos (tanto primários quanto secundários), que refletem de modo mais imediato, preciso e flexível todas as mudanças que transcorrem na vida social. Os enunciados e seus tipos, isto é, os gêneros discursivos, são correias de transmissão entre a história da sociedade e a história da linguagem. Nenhum fenômeno novo (fonético, léxico, gramatical) pode integrar o sistema da língua sem ter percorrido um complexo e longo caminho de experimentação e elaboração de gêneros e estilos.[7]

Em cada época da evolução da linguagem literária, o tom é dado por determinados gêneros do discurso, e não só gêneros secundários (literários, publicísticos, científicos) mas também primários (determinados tipos de diálogo oral — de salão, íntimo, de círculo social, familiar-cotidiano, sociopolítico, filosófico, etc.). Toda ampliação da linguagem literária à custa das diversas camadas extraliterárias da língua nacio-

---

[7] Essa nossa tese nada tem a ver com a de Vossler acerca do primado do estilístico sobre o gramático. Nossa exposição subsequente o mostrará com plena clareza.

nal está intimamente ligada à penetração da linguagem literária em todos os gêneros (literários, científicos, publicísticos, de conversação, etc.), em maior ou menor grau, também dos novos procedimentos de gênero de construção da totalidade do discursivo, do seu acabamento, da inclusão do ouvinte ou parceiro, etc., o que acarreta uma reconstrução e uma renovação mais ou menos substancial dos gêneros do discurso. Quando recorremos às respectivas camadas não literárias da língua nacional, estamos inevitavelmente recorrendo também aos gêneros do discurso em que se realizam essas camadas. Trata-se, na maioria dos casos, de diferentes tipos de gêneros de conversação e diálogo; daí a dialogização mais ou menos brusca dos gêneros secundários, o enfraquecimento de sua composição monológica, a nova sensação do ouvinte como parceiro-interlocutor, as novas formas de conclusão do conjunto, etc. Onde há estilo há gênero. A passagem do estilo de um gênero para outro não só modifica o caráter do estilo nas condições do gênero que não lhe é próprio como também destrói ou renova tal gênero.

Desse modo, tanto os estilos individuais quanto os da língua satisfazem aos gêneros do discurso. Um estudo mais profundo e amplo destes é absolutamente indispensável para uma elaboração eficaz de todas as questões da estilística.

Contudo, tanto a questão metodológica de princípio quanto a questão geral relativa às relações recíprocas do léxico com a gramática, por um lado, e com a estilística, por outro, baseiam-se no mesmo problema do enunciado e dos gêneros do discurso.

A gramática (e o léxico) se distingue substancialmente da estilística (alguns chegam até a colocá-la em oposição à estilística), mas ao mesmo tempo nenhum estudo de gramática (já nem falo de gramática normativa) pode dispensar observações e incursões estilísticas. Em toda uma série de casos é como se fosse obliterada a fronteira entre a gramática e a estilística. Há fenômenos que uns estudiosos relacionam ao

Os gêneros do discurso

campo da gramática, outros, ao campo da estilística. Um deles é o sintagma.

Pode-se dizer que a gramática e a estilística convergem e divergem em qualquer fenômeno concreto de linguagem: se o examinamos apenas no sistema da língua estamos diante de um fenômeno gramatical, mas se o examinamos no conjunto de um enunciado individual ou do gênero discursivo já estamos diante de um fenômeno estilístico. Porque a própria escolha de uma determinada forma gramatical pelo falante é um ato estilístico. Mas esses dois pontos de vista sobre o mesmo fenômeno concreto da língua não devem ser impenetráveis entre si, mas simplesmente se substituírem de forma mecânica, devendo, porém, combinar-se organicamente (na sua mais precisa distinção metodológica) com base na unidade real do fenômeno da língua. Só uma concepção profunda da natureza do enunciado e das peculiaridades dos gêneros discursivos pode assegurar a solução correta dessa complexa questão metodológica.

O estudo da natureza dos enunciados e dos gêneros discursivos é, segundo nos parece, de importância fundamental para superar as concepções simplificadas da vida do discurso, do chamado "fluxo discursivo", da comunicação, etc., daquelas concepções que ainda dominam a nossa linguística. Além do mais, o estudo do enunciado como *unidade real da comunicação discursiva* permitirá compreender de modo mais correto também a natureza das unidades da língua (enquanto sistema) — as palavras e orações.

É para essa questão mais geral que passamos agora.

2. O ENUNCIADO COMO UNIDADE DA COMUNICAÇÃO DISCURSIVA. DIFERENÇA ENTRE ESSA UNIDADE E AS UNIDADES DA LÍNGUA (PALAVRAS E ORAÇÕES)

A linguística do século XIX, a começar por Wilhelm Humboldt, sem negar a função comunicativa da linguagem, procurou colocá-la em segundo plano, como algo secundário; promovia-se ao primeiro plano a função de formação do pensamento, *independente da comunicação*. Daí a famosa fórmula de Humboldt: "Sem fazer nenhuma menção à necessidade da comunicação entre os homens, a língua seria uma condição indispensável do pensamento para o homem *até mesmo na sua eterna solidão*".[8]

Outros, por exemplo os partidários de Vossler, colocavam em primeiro plano a chamada função expressiva. A despeito de toda a diferença na concepção dessa função por teóricos particulares, sua essência se resume à expressão do mundo individual do falante. A língua é deduzida da necessidade do homem de autoexpressar-se, de objetivar-se. A essência da linguagem nessa ou naquela forma, por esse ou aquele caminho, se reduz à criação espiritual do indivíduo. Propunham-se e ainda se propõem variações um tanto diferentes das funções da linguagem, mas permanece característico, se não o pleno desconhecimento, ao menos a subestimação da função comunicativa da linguagem; a linguagem é considerada do ponto de vista do falante, como que de *um* falante sem a relação *necessária* com *outros* participantes da comunicação discursiva. Se era levado em conta o papel do outro, era apenas como papel de ouvinte que apenas compreende passivamente o falante. O enunciado satisfaz ao seu objeto (isto é, ao conteúdo do pensamento enunciado) e ao

---

[8] Wilhelm Humboldt, *Sobre a diferença entre os organismos da linguagem humana e a influência dessa diferença no desenvolvimento mental da humanidade*, São Petersburgo, 1859, p. 51.

próprio enunciador. No fundo, a língua necessita apenas do falante — de um falante — e do objeto da sua fala, se neste caso a língua pode servir ainda como meio de comunicação, pois essa é a sua função secundária, que não afeta a sua essência. Evidentemente, um grupo linguístico, uma multiplicidade de falantes, jamais pode ser ignorado quando se fala da língua; no entanto, quando se define a essência da língua, esse momento não se torna necessário e determinante da natureza da língua. Às vezes o grupo linguístico é visto como certa personalidade coletiva, "o espírito do povo", etc., e se lhe dá grande importância (entre os representantes da "psicologia dos povos"), mas também neste caso a multiplicidade de falantes, dos outros em relação a cada falante dado, carece de substancialidade.

Até hoje ainda existem na linguística burguesa *ficções* como o "ouvinte"[9] e o "entendedor" (parceiros do "falante", do "fluxo único da fala", etc.). Tais ficções dão uma noção absolutamente deturpada do processo complexo e amplamente ativo da comunicação discursiva. Nos cursos de linguística geral (inclusive em alguns tão sérios quanto o de Saussure[10]) aparecem com frequência representações evidentemente esquemáticas dos dois parceiros da comunicação discursiva — o falante e o ouvinte (o receptor do discurso); sugere-se um esquema de processos ativos de discurso no falante e de respectivos processos passivos de recepção e compreensão do discurso no ouvinte. Não se pode dizer que esses esquemas sejam falsos e que não correspondam a determinados momentos da realidade; contudo, quando passam ao objetivo real da comunicação discursiva eles se transformam em ficção científica. De fato, o ouvinte, ao perceber e

---

[9] *Slúchatiel*, derivado de *slúchat*, ouvir; *ponimáiuschi*, derivado de *ponimát*, entender, compreender. (N. do T.)

[10] Ferdinand de Saussure, *Trabalhos de linguística*, Moscou, 1977, p. 50. (N. da E.)

compreender o significado (linguístico) do discurso, ocupa simultaneamente em relação a ele uma ativa posição responsiva: concorda ou discorda dele (total ou parcialmente), completa-o, aplica-o, prepara-se para usá-lo, etc.; essa posição responsiva do ouvinte se forma ao longo de todo o processo de audição e compreensão desde o seu início, às vezes literalmente a partir da primeira palavra do falante. Toda compreensão da fala viva, do enunciado vivo é de natureza ativamente responsiva (embora o grau desse ativismo seja bastante diverso); toda compreensão é prenhe de resposta, e nessa ou naquela forma a gera obrigatoriamente: o ouvinte se torna falante. A compreensão passiva do significado do discurso ouvido é apenas um momento abstrato da compreensão ativamente responsiva real e plena, que se atualiza na subsequente resposta real e em voz alta. É claro que nem sempre ocorre imediatamente a seguinte resposta em voz alta ao enunciado logo depois de pronunciado: a compreensão ativamente responsiva do ouvido (por exemplo, de uma ordem militar) pode realizar-se imediatamente na ação (o cumprimento da ordem ou comando entendidos e aceitos para execução), pode permanecer de quando em quando como compreensão responsiva silenciosa (alguns gêneros discursivos foram concebidos apenas para tal compreensão, por exemplo, os gêneros líricos), mas isto, por assim dizer, é uma compreensão responsiva de efeito retardado: cedo ou tarde, o que foi ouvido e ativamente entendido responde nos discursos subsequentes ou no comportamento do ouvinte. Na maioria dos casos, os gêneros da complexa comunicação cultural foram concebidos precisamente para essa compreensão ativamente responsiva de efeito retardado. Tudo o que aqui dissemos refere-se igualmente às respectivas mudanças e adendos ao discurso escrito e ao lido.

Portanto, toda compreensão plena real é ativamente responsiva e não é senão uma fase inicial preparatória da resposta (seja qual for a forma em que ela se dê). O próprio fa-

Os gêneros do discurso

lante está determinado precisamente a essa compreensão ativamente responsiva: ele não espera uma compreensão passiva, por assim dizer, que apenas duble o seu pensamento em voz alheia, mas uma resposta, uma concordância, uma participação, uma objeção, uma execução, etc. (os diferentes gêneros discursivos pressupõem diferentes diretrizes de objetivos, projetos de discurso dos falantes ou escreventes). O empenho em tornar inteligível a sua fala é apenas o momento abstrato do projeto concreto e pleno de discurso do falante. Ademais, todo falante é por si mesmo um respondente em maior ou menor grau: porque ele não é o primeiro falante, o primeiro a ter violado o eterno silêncio do universo, e pressupõe não só a existência do sistema da língua que usa mas também de alguns enunciados antecedentes — dos seus e alheios — com os quais o seu enunciado entra nessas ou naquelas relações (baseia-se neles, polemiza com eles, simplesmente os pressupõe já conhecidos do ouvinte). Cada enunciado é um elo na corrente complexamente organizada de outros enunciados.

Desse modo, aquele ouvinte que, com sua compreensão passiva, é representado como parceiro do falante nos desenhos esquemáticos das linguísticas gerais, não corresponde ao participante real da comunicação discursiva. Aquilo que o esquema representa é apenas um momento abstrato do ato pleno e real de compreensão ativamente responsiva, que gera a resposta (a que precisamente visa o falante). Por si mesma, essa abstração científica é perfeitamente justificada, mas sob uma condição: a de ser nitidamente compreendida apenas como abstração e não ser apresentada como fenômeno pleno concreto e real; caso contrário, ela se transforma em invenção. É exatamente o que acontece na linguística, uma vez que esses esquemas abstratos, mesmo não sendo apresentados diretamente como reflexo da comunicação discursiva real, tampouco são completados por alusões a uma maior complexidade do fenômeno real. Como resultado, o esquema deforma o quadro real da comunicação discursiva, suprimindo dela precisamente os momentos mais substanciais. Desse modo, o papel ativo do *outro* no processo de comunicação discursiva sai extremamente enfraquecido.

O mesmo desconhecimento do papel ativo do outro no processo da comunicação discursiva e o empenho em contornar inteiramente esse processo manifestam-se no uso impreciso e ambíguo de termos como "fala" ou "fluxo da fala". Esses termos deliberadamente imprecisos deveriam sempre designar aquilo que é submetido a uma divisão em unidades da língua, concebidas como seus cortes: unidades fônicas (fonema, sílaba, cadência da fala) e significativas (oração e palavra). "O fluxo da fala se desintegra...", "nossa fala se divide..." — é assim que nos cursos gerais de linguística e gramática, bem como nos estudos especiais de fonética e lexicologia, costumam introduzir as partes dedicadas ao estudo das respectivas unidades da língua. Infelizmente, até a nossa gramática acadêmica recentemente lançada emprega o mesmo termo indefinido e ambíguo "nossa fala". Veja-se como se introduz a respectiva parte da fonética: "*Nossa fala* se divide antes de tudo em orações, que por sua vez podem decompor-se em combinações de palavras e palavras. As palavras se dividem nitidamente em unidades fônicas mínimas — as *sílabas*... As sílabas se dividem em sons particulares da fala ou fonemas...".[11]

O que vem a ser "fluxo discursivo", "nosso discurso"? Qual é a sua extensão? Terão princípio e fim? Se têm duração indefinida, que corte tomamos para dividi-lo em unidades? A respeito de todas essas questões reinam a plena indefinição e a reticência. A *palavra* indefinida *riétch* ("fala, [discurso]"), que pode designar linguagem, processo de dis-

---

[11] *Gramática da língua russa*, Moscou, 1952, p. 51.

Os gêneros do discurso

curso, ou seja, o falar, um enunciado particular ou uma série indefinidamente longa de enunciados e um determinado gênero discursivo ("ele pronunciou um *riétch* [discurso]"), até hoje não foi transformada pelos linguistas em um *termo* rigorosamente limitado pela significação e definido (definível) (fenômenos análogos ocorrem também em outras línguas). Isto se deve à quase completa falta de elaboração do problema do enunciado e dos gêneros do discurso e, consequentemente, da comunicação discursiva. Quase sempre se verifica o jogo confuso com todas essas significações (exceto com a última). Mais amiúde subentende-se por "nosso discurso" qualquer enunciado de qualquer pessoa; além do mais, essa compreensão nunca é sustentada até o fim.[12]

Entretanto, se é indefinido e vago o que se divide e se decompõe em unidades da língua, nestas também se introduzem a indefinição e a confusão.

A indefinição terminológica e a confusão em um ponto metodológico central no pensamento linguístico são o resultado do desconhecimento da *real unidade* da comunicação discursiva — o *enunciado*. Porque o discurso só pode existir de fato na forma de enunciados concretos de determinados falantes, sujeitos do discurso. O discurso sempre está fundido em forma de enunciado pertencente a um determinado sujeito do discurso, e fora dessa forma não pode existir. Por mais diferentes que sejam os enunciados por seu volume, pe-

---

[12] Aliás, nem há como sustentá-la. Um enunciado como "Ah!" (réplica de um diálogo) não pode ser dividido em orações, combinações de palavras, sílabas. Consequentemente, nem todo enunciado serve. Demais, dividem o enunciado (a fala) e chegam a unidades da língua. Com muita frequência a oração é definida como o enunciado mais simples, logo, já não pode ser uma unidade do enunciado. Pressupõe-se em silêncio a fala de um falante, desprezando-se os sons harmônicos dialógicos. Em comparação com os limites dos enunciados, todos os demais limites (entre orações, combinações de palavras, sintagmas, palavras) são relativos e convencionais.

lo conteúdo, pela construção composicional, eles têm como unidades da comunicação discursiva peculiaridades estruturais comuns, e antes de tudo *limites* absolutamente precisos. Esses limites, de natureza especialmente substantiva e *principial*, precisam ser examinados minuciosamente.

Os limites de cada enunciado concreto como unidade da comunicação discursiva são definidos pela *alternância dos sujeitos do discurso*, ou seja, pela alternância dos falantes. Todo enunciado — da réplica sucinta (monovocal) do diálogo cotidiano ao grande romance ou tratado científico — tem, por assim dizer, um princípio absoluto e um fim absoluto: antes do seu início, os enunciados de outros; depois do seu término, os enunciados responsivos de outros (ou ao menos uma compreensão ativamente responsiva silenciosa do outro ou, por último, uma ação responsiva baseada nessa compreensão). O falante termina o seu enunciado para passar a palavra ao outro ou dar lugar à sua compreensão ativamente responsiva. O enunciado não é uma unidade convencional, mas uma unidade real, delimitada com precisão pela alternância dos sujeitos do discurso e que termina com a transmissão da palavra ao outro, por mais silencioso que seja o "dixi" percebido pelos ouvintes [como sinal] de que o falante concluiu sua fala.

Essa alternância dos sujeitos do discurso, que cria limites precisos do enunciado nos diversos campos da atividade humana e da vida, dependendo das diversas funções da linguagem e das diferentes condições e situações de comunicação, tem uma natureza diferente e assume formas várias. Observamos essa alternância dos sujeitos do discurso de modo mais simples e evidente no diálogo real, em que se alternam os enunciados dos interlocutores (parceiros do diálogo), aqui denominados réplicas. Por sua precisão e simplicidade, o diálogo é a forma clássica de comunicação discursiva. Cada réplica, por mais breve e fragmentária que seja, tem uma conclusibilidade específica ao exprimir certa posição do falante que suscita resposta, em relação à qual se pode assumir uma posição responsiva. Essa conclusibilidade específica do enunciado será objeto de nosso exame posterior (trata-se de um dos traços fundamentais do enunciado). Ao mesmo tempo, as réplicas são interligadas. Mas aquelas relações que existem entre as réplicas do diálogo — as relações de pergunta--resposta, afirmação-objeção, afirmação-concordância, proposta-aceitação, ordem-execução, etc. — são impossíveis entre unidades da língua (palavras e orações), quer no sistema da língua (no corte vertical), quer no interior do enunciado (no corte horizontal). Essas relações específicas entre as réplicas do diálogo são apenas modalidades das relações específicas entre os enunciados plenos no processo de comunicação discursiva. Essas relações só são possíveis entre enunciados de diferentes sujeitos do discurso, pressupõem *outros* (em relação ao falante) membros da comunicação discursiva. Tais relações entre enunciados plenos não se prestam à gramaticalização, uma vez que, reiteremos, não são possíveis entre unidades da língua, e isso tanto no sistema da língua quanto no interior do enunciado.

Nos gêneros discursivos secundários, particularmente nos retóricos, encontramos fenômenos que parecem contrariar essa nossa tese. Muito amiúde o falante (ou quem escreve) coloca questões no âmbito do seu enunciado, responde a elas mesmas, faz objeções a si mesmo e refuta suas próprias objeções, etc. Mas esses fenômenos não passam de representação convencional da comunicação discursiva nos gêneros primários do discurso. Essa representação caracteriza os gêneros retóricos (*lato sensu*, incluindo algumas modalidades de popularizações científicas), contudo todos os outros gêneros secundários (ficcionais e científicos) usam diferentes formas de introdução na construção do enunciado, dos gêneros de discurso primários e das relações entre eles (note-se que aqui eles sofrem transformações de diferentes graus, uma vez que não há uma alternância real de sujeitos do discurso). É essa a natureza dos gêneros secundários.[13] Entretanto, em todas essas manifestações, as relações entre gêneros primários reproduzidos, ainda que eles estejam no âmbito de um enunciado, não se prestam à gramaticalização e conservam a sua natureza específica essencialmente distinta da [natureza] das relações entre as palavras e orações (e outras unidades da língua — grupos de palavras, etc.) dentro do enunciado.

Aqui, com base no material do diálogo e das suas réplicas, é necessário abordar previamente o problema da oração *como unidade da língua* naquilo que a diferencia do *enunciado* como *unidade da comunicação discursiva*.

(A natureza da oração é uma das questões mais complexas e difíceis na linguística. A luta de opiniões em torno dessa questão continua em nossa ciência até os dias de hoje. Não é tarefa nossa, evidentemente, desvendar essa questão em toda a sua complexidade; nossa intenção é abordar apenas um aspecto, mas tal aspecto nos parece de importância substancial para toda a questão. Para nós importa definir com precisão a relação da oração com o enunciado. Isto ajudará a elucidar com mais clareza o enunciado, de um lado, e a oração, de outro.)

Posteriormente trataremos dessa questão, por ora observamos apenas que os limites da oração enquanto unidade da língua nunca são determinados pela alternância de sujeitos do discurso. Essa alternância, que emoldura a oração de ambos os aspectos, converte-a em um enunciado pleno. Essa oração assume novas qualidades e é percebida de modo inteiramente diverso de como é percebida a oração emoldurada por outras orações no contexto de um enunciado desse ou daquele falante. A oração é um pensamento relativamente acabado, correlacionado de forma imediata com outros pensamentos do mesmo falante no conjunto do seu enuncia-

---

[13] As cicatrizes dos limites estão nos gêneros secundários.

Os gêneros do discurso

do; ao término da oração, o falante faz uma pausa para logo passar ao seu pensamento subsequente, que continua, completa e fundamenta o primeiro. O contexto da oração é o contexto da fala do mesmo sujeito do discurso (falante); a oração não se correlaciona de forma imediata nem pessoal com o contexto extraverbal da realidade (a situação, o ambiente, a pré-história) nem com os enunciados de outros falantes, mas tão somente através de todo o contexto que a rodeia, isto é, através do enunciado em seu conjunto. Se, porém, a oração não está cercada pelo contexto do discurso do mesmo falante, ou seja, se ela é um enunciado pleno e acabado (uma réplica do diálogo), então ela estará imediatamente (e individualmente) diante da realidade (do contexto extraverbal do discurso) e de outros enunciados *dos outros*; a estes já não se segue a pausa, que é definida e assimilada pelo próprio falante (pausas de toda espécie, como manifestações gramaticais calculadas e assimiladas, só são possíveis dentro do discurso de um falante, isto é, dentro de um enunciado; as pausas entre os enunciados não são, evidentemente, de natureza gramatical e sim real; essas pausas reais — psicológicas ou suscitadas por essas ou aquelas circunstâncias externas — podem destruir também um enunciado; nos gêneros ficcionais secundários, tais pausas são levadas em conta pelo artista, o diretor de cena, o ator, mas por princípio elas diferem tanto das pausas gramaticais quanto das pausas estilísticas — por exemplo, entre os sintagmas — no interior do enunciado); espera-se que essas pausas sejam seguidas de uma resposta ou uma compreensão responsiva de outro falante. Semelhante oração, tornada enunciado pleno, ganha uma validade semântica especial; em relação a ela pode-se ocupar uma posição responsiva, com ela se pode concordar ou discordar, pode-se executá-la, avaliá-la, etc.; no contexto, a oração carece de capacidade de determinar a resposta; ela ganha essa capacidade (ou melhor, familiariza-se com ela) apenas no conjunto do enunciado.

Todas essas qualidades e peculiaridades absolutamente novas pertencem não à própria oração, que se tornou enunciado pleno, mas precisamente ao enunciado, traduzindo a sua natureza e não a natureza da oração: elas se incorporam à oração completando-a até torná-la enunciado pleno. A oração enquanto unidade da língua carece de todas essas propriedades: não é delimitada de ambos os aspectos pela alternância dos sujeitos do discurso, não tem contato imediato com a realidade (com a situação extraverbal) nem relação imediata com enunciados alheios, não dispõe de plenitude semântica nem capacidade de determinar imediatamente a posição responsiva do *outro* falante, isto é, de suscitar resposta. A oração enquanto unidade da língua tem natureza gramatical, fronteiras gramaticais, lei gramatical e unidade. (Examinada em um enunciado pleno e do ponto de vista desse conjunto, ela adquire propriedades estilísticas.) Onde a oração figura como um enunciado pleno ela aparece colocada em uma moldura de material de natureza diversa. Quando esquecemos esse pormenor na análise de uma oração, deturpamos a sua natureza (e ao mesmo tempo também a natureza do enunciado, gramaticalizando-o). Muitos linguistas e correntes linguísticas (no campo da sintaxe) são prisioneiros dessa confusão, e o que estudam como oração é, no fundo, algum *híbrido* de oração (de unidade da língua) e de enunciado (de unidade da comunicação discursiva). Não se intercambiam orações como se intercambiam palavras (em rigoroso sentido linguístico) e grupos de palavras; intercambiam-se enunciados que são construídos com o auxílio das unidades da língua: palavras, combinações de palavras, orações; ademais, o enunciado pode ser construído a partir de uma oração, de uma palavra, por assim dizer, de uma unidade do discurso (predominantemente de uma réplica do diálogo), mas isso não leva uma unidade da língua a transformar-se em unidade da comunicação discursiva.

A ausência de uma teoria elaborada do enunciado como

Os gêneros do discurso

unidade da comunicação discursiva redunda em uma distinção imprecisa da oração e do enunciado, e frequentemente na total confusão dos dois.

Voltemos ao diálogo real. Como já dissemos, trata-se da forma mais simples e clássica de comunicação discursiva. A alternância dos sujeitos do discurso (falantes), que determina os limites dos enunciados, está aqui representada com excepcional evidência. Contudo, em outros campos da comunicação discursiva, inclusive nos campos da comunicação cultural (científica e artística), de organização complexa, a natureza dos limites do enunciado é a mesma.

Complexas por sua construção, as obras especializadas dos diferentes gêneros científicos e ficcionais, a despeito de toda a diferença entre elas e as réplicas do diálogo, também são, pela própria natureza, unidades da comunicação discursiva: também estão nitidamente delimitadas pela alternância dos sujeitos do discurso, cabendo observar que essas fronteiras, ao conservarem a sua *precisão* externa, adquirem um caráter interno graças ao fato de que o sujeito do discurso — neste caso o *autor* de uma obra — aí revela a sua *individualidade* no estilo, na visão de mundo, em todos os elementos da ideia de sua obra. Essa marca da individualidade, jacente na obra, é o que cria princípios interiores específicos que a separam de outras obras a ela vinculadas no processo de comunicação discursiva de um dado campo cultural: das obras dos predecessores nas quais o autor se baseia, de outras obras da mesma corrente, das obras de correntes hostis combatidas pelo autor, etc. A obra, como a réplica do diálogo, está disposta para a resposta do outro (dos outros), para a sua ativa compreensão responsiva, que pode assumir diferentes formas: influência educativa sobre os leitores, sobre suas convicções, respostas críticas, influência sobre seguidores e continuadores; ela determina as posições responsivas dos outros nas complexas condições de comunicação discursiva de um dado campo da cultura. A obra é um elo na cadeia da comunicação discursiva; como a réplica do diálogo, está vinculada a outras obras — enunciados: com aquelas às quais ela responde, e com aquelas que lhe respondem; ao mesmo tempo, à semelhança da réplica do diálogo, ela está separada daquelas pelos limites absolutos da alternância dos sujeitos do discurso.

Desse modo, a alternância dos sujeitos do discurso, que emoldura o enunciado e cria para ele a massa firme, rigorosamente delimitada dos outros enunciados a ele vinculados, é a primeira peculiaridade constitutiva do enunciado como unidade da comunicação discursiva, que o distingue da unidade da língua. Passemos à segunda peculiaridade do enunciado, intimamente vinculada à primeira. Essa segunda peculiaridade é a *conclusibilidade* específica do enunciado.

A conclusibilidade do enunciado é uma espécie de aspecto interno da alternância dos sujeitos do discurso; essa alternância pode ocorrer precisamente porque o falante disse (ou escreveu) *tudo* o que quis dizer em dado momento ou sob dadas condições. Quando ouvimos ou vemos, percebemos nitidamente o fim do enunciado, como se ouvíssemos o "dixi" conclusivo do falante. Essa conclusibilidade é específica e determinada por categorias específicas. O primeiro e mais importante critério de conclusibilidade do enunciado é a *possibilidade* de *responder a ele*, em termos mais precisos e amplos, de ocupar em relação a ele uma posição responsiva (por exemplo, cumprir uma ordem). A esse critério corresponde também a pergunta sucinta do cotidiano, por exemplo, "Que horas são?" (a ela pode-se responder), e o pedido cotidiano que pode ser cumprido ou descumprido, o discurso científico com o qual podemos concordar ou não concordar (inteiramente ou em parte), e o romance ficcional, que pode ser avaliado em seu conjunto. Alguma conclusibilidade é necessária para que se possa responder ao enunciado. Para isso não basta que o enunciado seja compreendido no sentido *linguístico*. Uma oração absolutamente compreensível e acabada, se é oração e não enunciado constituído por uma oração, não pode suscitar atitude responsiva:[14] isso é compreensível mas ainda não é *tudo*. Esse *tudo* — indício da *inteireza* do enunciado — não se presta a uma definição nem gramatical nem abstrato-semântica.

Essa plenitude acabada do enunciado, que assegura a possibilidade de resposta (ou de compreensão responsiva), é determinada por três elementos (ou fatores) intimamente ligados na totalidade orgânica do enunciado: 1) a exauribilidade semântico-objetal; 2) o projeto de discurso ou vontade de discurso do falante; 3) as formas típicas da composição e do acabamento do gênero.

O primeiro elemento — a exauribilidade semântico-objetal do tema do enunciado — difere profundamente nos diversos campos da comunicação discursiva. Essa exauribilidade pode chegar a uma plenitude quase absoluta em alguns campos da vida (as questões de natureza puramente factual, bem como as respostas factuais a elas, os pedidos, as ordens, etc.), em alguns campos oficiais, no campo das ordens militares e produtivas, isto é, naqueles campos em que os gêneros do discurso têm uma natureza sumamente padronizada e é quase total a ausência do elemento criativo. Nos campos da criação (particularmente nos científicos, evidentemente), ao contrário, só é possível uma única exauribilidade semântico-objetal muito relativa; aqui só se pode falar de um mínimo de acabamento, que permite ocupar uma posição responsiva. O objeto é objetivamente inexaurível, mas, ao se tornar

---

[14] Bakhtin emprega o termo "reação responsiva" (*otviétnaia reáktsiya*). Em russo, como nas línguas latinas (a palavra em russo é uma apropriação do latim), reação (*reáktsiya*) e resposta (*otviét*) são sinônimos, mas à primeira vista, no plano superficial, não criam redundância. Já em português sua contiguidade cria uma redundância meio estranha, razão por que resolvi substituir "reação responsiva" por "atitude responsiva", posto que a substituição conserva plenamente o sentido do conceito bakhtiniano. (N. do T.)

tema do enunciado (por exemplo, de um trabalho científico), ganha uma relativa conclusibilidade em determinadas condições, em certa situação do problema, em um dado material, em determinados fins colocados pelo autor, isto é, já no âmbito de uma ideia *definida do autor*. Desse modo, deparamo-nos inevitavelmente com o segundo elemento, que é inseparável do primeiro.

Em cada enunciado — da réplica monovocal do cotidiano às grandes e complexas obras de ciência ou de literatura — abrangemos, interpretamos, sentimos a *intenção discursiva* ou a *vontade de produzir sentido* por parte do falante, que determina a totalidade do enunciado, o seu volume e as suas fronteiras. Imaginamos o que o falante quer dizer, e com essa intenção verbalizada, essa vontade verbalizada (como a entendemos) é que medimos a conclusibilidade do enunciado. Essa intenção determina tanto a própria escolha do objeto (em certas condições de comunicação discursiva, na relação necessária com os enunciados antecedentes) quanto os seus limites e a sua exauribilidade semântico-objetal. Ele, evidentemente, também determina a escolha da forma do gênero na qual será construído o enunciado (já se trata do terceiro elemento que abordaremos adiante). Essa intenção — momento subjetivo do enunciado — combina-se em uma unidade indissolúvel com o seu aspecto semântico-objetal, restringindo-o, vinculando-o a uma situação concreta (singular) de comunicação discursiva, com todas as suas circunstâncias individuais, com seus participantes pessoais, com as suas intervenções — enunciados antecedentes. Por isso os participantes imediatos da comunicação, que se orientam na situação e nos enunciados antecedentes, abrangem fácil e rapidamente a intenção discursiva, a vontade discursiva do falante, e desde o início do discurso percebem a totalidade do enunciado em desdobramento.

Passemos ao elemento terceiro e mais importante para nós — as formas estáveis de *gênero* do enunciado. A vontade discursiva do falante se realiza antes de tudo na *escolha de certo gênero de discurso*. Essa escolha é determinada pela especificidade de um dado campo da comunicação discursiva, por considerações semântico-objetais (temáticas), pela situação concreta da comunicação discursiva, pela composição pessoal dos seus participantes, etc. Em seguida, a intenção discursiva do falante, com toda a sua individualidade e subjetividade, é aplicada e adaptada ao gênero escolhido, constitui-se e desenvolve-se em determinada forma de gênero. Tais gêneros existem sobretudo em todos os gêneros mais variados da comunicação oral cotidiana, incluindo o gênero mais familiar e o mais íntimo.

Falamos apenas através de certos gêneros do discurso, isto é, todos os nossos enunciados têm *formas* relativamente estáveis e típicas de *construção do conjunto*. Dispomos de um rico repertório de gêneros de discurso orais (e escritos). *Em termos práticos*, nós os empregamos de forma segura e habilidosa, mas *em termos teóricos* podemos desconhecer inteiramente a sua existência. Como o Jourdain de Molière, que falava em prosa sem que disso suspeitasse, nós falamos por gêneros diversos sem suspeitar de sua existência. Até mesmo no bate-papo mais descontraído e livre moldamos o nosso discurso por certas formas de gênero, às vezes padronizadas e estereotipadas, às vezes mais flexíveis, plásticas e criativas (a comunicação cotidiana também dispõe de gêneros criativos). Esses gêneros do discurso nos são dados quase da mesma forma que nos é dada a língua materna, a qual dominamos livremente até começarmos o estudo teórico da gramática. A língua materna — sua composição vocabular e sua estrutura gramatical — não chega ao nosso conhecimento a partir de dicionários e gramáticas, mas de enunciados concretos que nós mesmos ouvimos e nós mesmos reproduzimos na comunicação discursiva viva com as pessoas que nos rodeiam. Assimilamos as formas da língua somente nas formas dos enunciados e justamente com essas formas. As formas da língua e as formas típicas dos enunciados, isto é, os gêneros do discurso, chegam à nossa experiência e à nossa consciência juntas e estreitamente vinculadas. Aprender a falar significa aprender a construir enunciados (porque falamos por enunciados e não por orações isoladas e, evidentemente, não por palavras isoladas). Os gêneros do discurso organizam o nosso discurso quase da mesma forma que o organizam as formas gramaticais (sintáticas). Nós aprendemos a moldar o nosso discurso em formas de gênero e, quando ouvimos o discurso alheio, já adivinhamos o seu gênero pelas primeiras palavras, adivinhamos certo volume (isto é, uma extensão aproximada do conjunto do discurso), uma determinada construção composicional, prevemos o fim, isto é, desde o início temos a sensação do conjunto do discurso que, em seguida, apenas se diferencia no processo da fala. Se os gêneros do discurso não existissem e nós não os dominássemos, se tivéssemos de criá-los pela primeira vez no processo do discurso, de construir livremente cada enunciado e pela primeira vez, a comunicação discursiva seria quase impossível.

As formas do gênero, nas quais moldamos o nosso discurso, diferem substancialmente, é claro, das formas da língua no sentido da sua estabilidade e da sua coerção (normatividade) para o falante. Em linhas gerais, elas são bem mais flexíveis, plásticas e livres que as formas da língua. Também neste sentido a diversidade dos gêneros do discurso é muito grande. Toda uma série de gêneros sumamente difundidos no cotidiano é de tal forma padronizada que a vontade discursiva individual do falante só se manifesta na escolha de um determinado gênero e ademais na sua entonação expressiva. Assim são, por exemplo, os diversos gêneros cotidianos breves de saudações, despedida, felicitações, votos de toda espécie, informação sobre a saúde, as crianças, etc. A diversidade desses gêneros é determinada pelo fato de que eles diferem entre si dependendo da situação, da posição social e das relações pessoais de reciprocidade entre os participantes da comunicação: há formas elevadas desses gêneros, rigorosamente oficiais e respeitosas, concomitantes com formas familiares, que ademais apresentam diversos graus de familiaridade, e com formas íntimas (estas diferem das familiares).[15] Esses gêneros requerem ainda certo tom, isto é, incluem em sua estrutura determinada entonação expressiva. Esses gêneros, particularmente os elevados, oficiais, apresentam um alto grau de estabilidade e coação. Aí, a vontade discursiva costuma limitar-se à escolha de um gênero, e só leves matizes de uma entonação expressiva (pode-se assumir um tom mais seco ou mais respeitoso, mais frio ou mais caloroso, introduzir a entonação de alegria, etc.) podem refletir a individualidade do falante (a sua ideia discursivo-emocional). Mas também aqui é possível uma reacentuação dos gêneros, característica da comunicação discursiva em geral; assim, por exemplo, pode-se transferir a forma de gênero da saudação do campo oficial para o campo da comunicação familiar, isto é, empregá-la com uma reacentuação irônico-paródica; com fins análogos pode-se misturar deliberadamente os gêneros das diferentes esferas.

Paralelamente a semelhantes gêneros padronizados, existiam e existem, é claro, gêneros mais livres e mais criativos de comunicação discursiva oral: os gêneros das conversas de salão sobre temas do cotidiano, sociais, estéticos e similares, os gêneros das conversas à mesa, das conversas íntimo-amistosas, íntimo-familiares, etc. (por enquanto não existe uma nomenclatura dos gêneros do discurso oral e tampouco está claro o princípio de tal nomenclatura). A maioria

---

[15] Esses fenômenos e outros análogos interessam aos linguistas (predominantemente aos historiadores da língua) no corte meramente estilístico, como reflexo, na língua, de formas historicamente mutáveis de etiqueta, de gentileza, decência. Cf., por exemplo, F. Brunot [F. Brunot, *Histoire de la langue française des origines à 1900*, tomos 1-10, Paris, 1905-1943. (N. da E.)].

desses gêneros se presta a uma reformulação livre e criadora (à semelhança dos gêneros ficcionais, e alguns talvez até em maior grau), mas o uso criativamente livre não é uma nova criação de gênero — cabe dominar bem os gêneros para empregá-los livremente.

Muitas pessoas que dominam magnificamente uma língua sentem amiúde total impotência em alguns campos da comunicação, justo porque não dominam na prática as formas do gênero desses campos. Com frequência, uma pessoa que tem pleno domínio do discurso em diferentes campos da comunicação cultural — sabe ler um relatório, desenvolver uma discussão científica, fala muito bem sobre questões sociais — em uma conversa mundana cala ou intervém de forma muito desajeitada. Aqui não se trata de pobreza vocabular nem de estilo tomado de maneira abstrata; tudo se resume a uma inabilidade para dominar o repertório dos gêneros da conversa mundana, à falta de um suficiente acervo de noções sobre um enunciado inteiro que ajudem a moldar de forma rápida e descontraída o seu discurso nas formas estilístico-composicionais definidas, a uma inabilidade para tomar a palavra a tempo, começar corretamente e terminar corretamente (nesses gêneros, a composição é muito simples).

Quanto mais dominamos os gêneros, maior é a desenvoltura com que os empregamos e mais plena e nitidamente descobrimos neles a nossa individualidade (onde isso é possível e necessário), refletimos de modo mais flexível e sutil a situação singular da comunicação — em suma, tanto mais plena é a forma com que realizamos o nosso livre projeto de discurso.

Desse modo, ao falante não são dadas apenas as formas da língua nacional (a composição vocabular e a estrutura gramatical) obrigatórias para ele, mas também as formas igualmente obrigatórias de enunciado, isto é, os gêneros do discurso: estes são tão indispensáveis para a compreensão mútua quanto as formas da língua. Os gêneros do discurso, com-

Os gêneros do discurso   41

parados às formas da língua, são bem mais mutáveis, flexíveis e plásticos; entretanto, para o indivíduo falante eles têm significado normativo, não são criados por ele mas dados a ele. Por isso um enunciado singular, a despeito de toda a sua individualidade e do caráter criativo, jamais pode ser considerado uma *combinação absolutamente livre* de formas da língua, como o supõe, por exemplo, Saussure (e muitos outros linguistas que o secundam), que contrapõe enunciado (*la parole*) como ato puramente individual ao sistema da língua como fenômeno puramente social e obrigatório para o indivíduo.[16] A imensa maioria dos linguistas, se não na teoria, assume na prática a mesma posição: veem no enunciado apenas uma combinação individual de forma puras da língua (léxicas e gramaticais), e praticamente não enxergam nem estudam nela nenhuma outra forma normativa.

O desconhecimento dos gêneros do discurso como formas relativamente estáveis e normativas de enunciado deveria levar necessariamente os linguistas à já referida confusão do enunciado com a oração, deveria levar a uma situação (que, é verdade, nunca foi defendida coerentemente) em que os nossos discursos só se moldam em formas estáveis de oração que nos foram dadas; no entanto, o número de tais orações interligadas, que pronunciamos seguidamente, e o momento em que paramos (terminamos) são um assunto que se deixa ao pleno arbítrio da vontade individual de discurso do falante ou ao capricho de um mítico "fluxo da fala".

---

[16] Saussure define o enunciado (*la parole*) como "ato individual da vontade e da compreensão, no qual cabe distinguir: 1) combinações, com auxílio das quais o sujeito falante usa o código linguístico com o objetivo de exprimir o seu pensamento pessoal; e 2) mecanismo psicofísico que lhe permite objetivar essas combinações" (Ferdinand de Saussure, *Curso de linguística geral*, Moscou, 1933, p. 38 [cf. Ferdinand de Saussure, *op. cit.*, p. 52. (N. da E.)]). Assim, Saussure ignora o fato de que, além das formas da língua, existem ainda as *formas de combinações* dessas formas, isto é, ignora os gêneros do discurso.

Quando escolhemos um tipo de oração, não o escolhemos apenas para uma oração, não o fazemos por considerarmos o que queremos exprimir com determinada oração; escolhemos um tipo de oração do ponto de vista do enunciado *inteiro* que se apresenta à nossa imaginação discursiva e determina a nossa escolha. A concepção da forma de um enunciado integral, isto é, de um determinado gênero do discurso, guia-nos no processo do nosso discurso. A ideia de construir o nosso enunciado em sua totalidade pode, é verdade, exigir para sua realização apenas uma oração, mas também pode exigir um grande número delas. O gênero escolhido nos sugere os tipos e os seus vínculos composicionais.

Uma das causas do desconhecimento linguístico das formas de enunciado é a extrema heterogeneidade dessas formas no tocante à construção composicional e, particularmente, à sua dimensão (a extensão do discurso) — da réplica monovocal ao grande romance. Uma diferença acentuada nas dimensões também ocorre no âmbito dos gêneros do discurso oral. Por essas razões, os gêneros do discurso se afiguram incomensuráveis e inaplicáveis enquanto unidades do discurso.

Por isso, muitos linguistas (principalmente pesquisadores do campo da sintaxe) tentam encontrar formas especiais que sejam intermediárias entre a oração e o enunciado, que tenham conclusibilidade como o enunciado, e ao mesmo tempo comensurabilidade como a oração. Assim são a "frase" (por exemplo, em Kartzevski),[17] a "comunicação" (Chákh-

---

[17] A "frase" como fenômeno linguístico de ordem diferente da oração foi fundamentada nos trabalhos do linguista russo S. O. Kartzevski, participante do Círculo Linguístico de Praga. À diferença da oração, a frase "não tem estrutura gramatical própria", mas tem a sua estrutura fônica que consiste em sua entonação. "É precisamente a entonação que forma a frase" (S. Kartzevski, *Sur la phonologie de la phrase*, em *Travaux du Cercle Linguistique de Prague*, 4, 1931, p. 190). "A oração, para ser rea-

matov[18] e outros). Entre os pesquisadores que empregam essas unidades não existe identidade na sua concepção, porque na vida da língua a elas não corresponde nenhuma realidade definida e nitidamente delimitada. Todas essas unidades artificiais e convencionais são indiferentes à alternância dos sujeitos do discurso, que ocorre em qualquer comunicação discursiva viva e real, por isso se obliteram os limites mais substanciais em todos os campos da ação da língua — os limites entre os enunciados. Daí (consequentemente) desaparece o critério central de conclusibilidade do enunciado como unidade autêntica da comunicação discursiva — a capacidade de determinar a ativa posição responsiva dos outros participantes da comunicação.

Para concluir esta seção, cabem ainda algumas observações sobre a oração (faremos um resumo a respeito no final do nosso trabalho).

A oração enquanto unidade da língua é desprovida da capacidade de determinar imediata e ativamente a posição responsiva do falante. Só depois de tornar-se um enunciado pleno, uma oração particular adquire essa capacidade. Qualquer oração pode figurar como enunciado acabado, mas, neste caso, é completada por uma série de elementos essenciais de índole não gramatical, que lhe modificam a natureza pela raiz. E é essa circunstância que serve de causa a uma aberração sintática especial: ao analisar-se uma oração isolada,

---

lizada, deve receber a entonação da frase... a frase é a função do diálogo. É uma unidade de troca entre interlocutores" (S. Kartzevski, *Sur la parataxe et la syntaxe en russe*, em *Cahiers Ferdinand de Saussure*, nº 7, 1948, p. 34). (N. da E.)

[18] A. Chákhmatov entendia por "comunicação" um ato de pensamento como fundamento psicológico da oração, o elo intermediário "entre o psiquismo do falante e sua manifestação na palavra a que ele aspirava" (A. Chákhmatov, *A sintaxe da língua russa*, Leningrado, 1941, pp. 19-20). (N. da E.)

destacada do contexto, inventa-se promovê-la a um enunciado pleno. Consequentemente, ela atinge o grau de conclusibilidade que lhe permite suscitar resposta.

Como a palavra, a oração é uma unidade significante da língua. Por isso, cada oração isolada, por exemplo "o sol saiu", é absolutamente compreensível, isto é, nós compreendemos o seu *significado* linguístico, o seu papel *possível* no enunciado. Entretanto, é impossível ocupar uma posição responsiva em relação a uma posição isolada se não sabemos se o falante disse com essa oração *tudo* o que quis dizer, que essa oração não é antecedida nem sucedida por outras orações do mesmo falante. Mas neste caso ela já não é uma oração e sim um enunciado plenamente válido, constituído de uma só oração: ele está emoldurado e delimitado pela alternância dos sujeitos do discurso e reflete imediatamente a realidade (situação) extraverbal. Esse enunciado suscita resposta.

Contudo, se essa oração está envolvida pelo contexto, ela assume a plenitude do seu sentido apenas nesse contexto, isto é, apenas no enunciado inteiro, e uma resposta só é possível a esse enunciado inteiro cujo elemento significante é a referida oração. O enunciado pode, por exemplo, ser também assim: "O sol saiu. É hora de me levantar". A compreensão responsiva (ou a resposta em voz alta): "Sim, realmente está na hora". Entretanto, o enunciado pode ser também assim: "O sol saiu. Mas ainda é muito cedo. Preciso dormir mais um pouco". Aqui, o *sentido* do enunciado e a atitude responsiva perante ele são outros. Essa oração pode fazer parte até da composição de uma obra de arte como elemento da paisagem. Aqui a atitude responsiva — impressão artístico-ideológica e avaliação — pode referir-se apenas a uma paisagem em seu conjunto. No contexto de outra obra, essa oração pode ganhar significação simbólica. Em todos os casos semelhantes, a oração é o elemento significante do conjunto de um enunciado, e ela adquiriu o seu sentido definitivo apenas nesse conjunto.

Os gêneros do discurso

Se nossa oração figura como enunciado acabado, ela adquire o seu sentido pleno em determinadas condições concretas de comunicação discursiva. Assim, ela pode ser uma resposta à pergunta do outro: "Será que o sol já saiu?". (É claro que em certas circunstâncias que justifiquem essa pergunta.) Aqui esse enunciado é a afirmação de um determinado fato, afirmação que pode ser verdadeira ou falsa, com a qual podemos concordar ou não. Uma oração, afirmativa em sua *forma*, torna-se afirmação *real* apenas no contexto de um determinado enunciado.

Quando se analisa semelhante oração isolada costuma-se interpretá-la como enunciado acabado em alguma situação simplificada ao extremo: o sol realmente saiu e o falante constata: "O sol saiu"; o falante está vendo que a grama é verde e declara: "A grama é verde". Semelhantes "comunicações" sem sentido costumam ser consideradas francamente como casos clássicos de uma oração. Em realidade, porém, toda informação semelhante dirige-se a alguém, é suscitada por alguma coisa, tem algum objetivo, ou seja, é um elo real na cadeia da comunicação discursiva em determinado campo da atividade humana ou da vida.

Como a palavra, a oração tem conclusibilidade de significado e conclusibilidade de forma *gramatical*, mas essa conclusibilidade de significado é de índole abstrata e por isso mesmo tão precisa: é o acabamento do elemento, mas não o acabamento do conjunto. A oração como unidade da língua, à semelhança da palavra, não tem autor. Ela é *de ninguém*, como a palavra, e só funcionando como um enunciado pleno ela se torna expressão da posição do falante individual em uma situação concreta de comunicação discursiva. Isto nos leva a uma nova, a uma terceira peculiaridade do enunciado — a relação do enunciado com o *próprio falante* (autor do enunciado) e com outros participantes da comunicação discursiva.

Todo enunciado é um elo na cadeia da comunicação discursiva. É a posição ativa do falante nesse ou naquele campo do objeto e do sentido. Por isso cada enunciado se caracteriza, antes de tudo, por certo conteúdo semântico-objetal. A escolha dos meios linguísticos e dos gêneros de discurso é determinada, primeiramente, pelas tarefas (pela ideia) do sujeito do discurso (ou autor) centradas no objeto e no sentido. É o primeiro elemento do enunciado que determina as suas peculiaridades estilístico-composicionais.

O segundo elemento do enunciado, que lhe determina a composição e o estilo, é o elemento *expressivo*, isto é, a relação subjetiva emocionalmente valorativa do falante com o conteúdo do objeto e do sentido do seu enunciado. Nos diferentes campos da comunicação discursiva, o elemento expressivo tem significado vário e grau vário de força, mas ele existe em toda parte: um enunciado absolutamente neutro é impossível. A relação valorativa do falante com o objeto do seu discurso (seja qual for esse objeto) também determina a escolha dos recursos lexicais, gramaticais e composicionais do enunciado. O estilo individual do enunciado é determinado sobretudo por seu aspecto expressivo. No campo da estilística, pode-se considerar essa tese universalmente aceita. Alguns pesquisadores chegam inclusive a reduzir diretamente o estilo ao aspecto emocionalmente valorativo do discurso.

Pode-se considerar o elemento expressivo do discurso um fenômeno da *língua* como sistema? Pode-se falar de aspecto expressivo das unidades da língua, isto é, das palavras e orações? A estas perguntas faz-se necessária uma resposta categoricamente negativa. A língua como sistema tem, evidentemente, um rico arsenal de recursos linguísticos — lexicais, morfológicos e sintáticos — para exprimir a posição emocionalmente valorativa do falante, mas todos esses recursos enquanto recursos da língua são absolutamente *neutros* em relação a qualquer avaliação real determinada. A palavra "benzinho" — hipocorística tanto pelo significado do radical quanto pelo sufixo — em si mesma, como unidade da lín-

Os gêneros do discurso

gua, é tão neutra quanto a palavra "lonjura". Ela é apenas um recurso linguístico para uma possível expressão de relação emocionalmente valorativa com a realidade, no entanto não se refere a nenhuma realidade determinada; essa referência, isto é, esse real juízo de valor, só pode ser realizado pelo falante em seu enunciado concreto. As palavras não são de ninguém, em si mesmas nada valorizam, mas podem abastecer qualquer falante e os juízos de valor mais diversos e diametralmente opostos dos falantes.

A oração enquanto unidade da língua também é neutra em si mesma e não tem aspecto expressivo; ela o adquire (ou melhor, comunga com ele) unicamente em um enunciado concreto. Aqui é possível a mesma aberração. Uma oração como "Ele morreu" pelo visto incorpora uma determinada expressão, e a incorpora ainda mais uma oração como "Que alegria!". Em realidade, nós percebemos ações dessa natureza como enunciados plenos e ainda mais em uma situação típica, isto é, numa espécie de gêneros do discurso dotados de expressão típica. Enquanto orações elas são desprovidas dessa expressão, são neutras. Dependendo do contexto do enunciado, a oração "Ele morreu" pode traduzir também uma expressão positiva, de alegria e até de júbilo. E a oração "Que alegria!", no contexto de certo enunciado, pode assumir tom irônico ou amargamente sarcástico.

Um dos meios de expressão da relação emocionalmente valorativa do falante com o objeto da sua fala é a entonação expressiva que soa nitidamente na execução oral.[19] A entonação expressiva é um traço constitutivo do enunciado.[20]

---

[19] Nós, evidentemente, a assimilamos como fator estilístico e na leitura muda de um discurso escrito.

[20] A entonação expressiva como pura expressão da avaliação do enunciado e como seu mais importante traço constitutivo foi minuciosamente estudada numa série de trabalhos do autor na segunda metade dos anos 1920. "A entonação estabelece um vínculo estreito da palavra com

No sistema da língua, isto é, fora do enunciado, ela não existe. Tanto a palavra quanto a oração enquanto *unidades da língua* são desprovidas de entonação expressiva. Se uma palavra isolada é pronunciada com entonação expressiva, já não é uma palavra mas um enunciado acabado expresso por uma palavra (não há nenhum fundamento para desdobrá-la em oração). Na comunicação discursiva, existem tipos bastante padronizados e muito difundidos de enunciados valorativos, isto é, de gêneros valorativos de discurso que traduzem elogio, aprovação, êxtase, estímulo, insulto: "Ótimo!", "Bravo!", "Maravilha!", "É uma vergonha!", "Porcaria!", "Uma besta!", etc. As palavras que, em determinadas condições da vida político-social adquirem um peso específico, tornam-se enunciados exclamativos expressivos: "Paz!", "Liberdade!", etc. (Trata-se de um gênero de discurso político-social específico.) Em certa situação a palavra pode adquirir um sentido profundamente expressivo na forma de enunciado exclamativo: "Mar! Mar!" (exclamam dez mil gregos em Xenofonte).[21]

Em todos esses casos não estamos diante de uma palavra isolada como unidade da língua nem do *significado* de tal

o contexto extraverbal: a entonação viva parece levar a palavra para os seus próprios limites. [...] A entonação *está sempre na fronteira do verbal e do não verbal, do dito e não dito*. Na entonação, a palavra contata imediatamente com a vida. E é sobretudo na entonação que o falante contata com os ouvintes: a entonação é social *par excellence*" (V. N. Volóchinov, "A palavra na vida e a palavra na poesia", *Zviezdá*, 1926, nº 6, pp. 252-3). Cf. ainda: "É precisamente este 'tom' (entonação) que faz a 'música' (sentido geral, significado geral) de todo enunciado. [...] A situação e o respectivo público determinam, antes de tudo, precisamente a entonação e já através dela realizam também a escolha das palavras e a sua ordem; através da entonação assimilam o conjunto do enunciado" (V. N. Volóchinov, "A construção do enunciado", *Literatúrnaia Utchióba*, nº 3, 1930, pp. 77-8). (N. da E.)

[21] Xenofonte, *Anabasis*, Moscou-Leningrado, 1951, p. 121 (livro IV, cap. 3). (N. da E.)

Os gêneros do discurso

palavra, mas de um enunciado acabado e com um *sentido concreto*[22] — estamos diante do conteúdo de um dado enunciado; aqui, o significado da palavra refere uma realidade concreta em condições igualmente reais de comunicação discursiva. Por isso, aqui não só compreendemos o significado de dada palavra enquanto palavra da língua como ocupamos em relação a ela uma ativa posição responsiva — de simpatia, acordo ou desacordo, de estímulo para a ação. Desse modo, a entonação expressiva pertence aqui ao enunciado e não à palavra.

E ainda assim é muito difícil desistir da convicção de que cada palavra da língua tem ou pode ter por si mesma "um tom emocional", "um colorido emocional", "um elemento axiológico", uma "auréola estilística", etc. e, por conseguinte, uma entonação expressiva inerente a ela enquanto palavra. Porque se pode pensar que quando escolhemos as palavras para o enunciado é como se nos guiássemos pelo tom emocional próprio de uma palavra isolada: selecionamos aquelas que pelo tom correspondem à expressão do nosso enunciado e rejeitamos as outras. É precisamente dessa maneira que os poetas representam o seu trabalho com a palavra e é assim mesmo que o estilista (por exemplo, a "experiência estilística" de Pechkovski)[23] interpreta esse processo.

---

[22] No livro *Marxismo e filosofia da linguagem*, o sentido concreto do enunciado é determinado terminologicamente com o seu tema: "O tema do enunciado é, no fundo, individual e singular como o próprio enunciado. [...] Por significado, diferentemente de tema, entendemos aqueles mesmos momentos do enunciado que são *repetíveis e idênticos em si* em todas as suas repetições. [...] O tema do enunciado, em essência, é indivisível. O significado do enunciado, ao contrário, decompõe-se em uma série de significados de elementos da língua que dele fazem parte" (pp. 101-2). (N. da E.)

[23] A experiência estilística, que consiste na "*invenção* artificial das variantes estilísticas do texto", é um procedimento metodológico empregado por A. M. Pechkovski para analisar o discurso ficcional (cf. A. M.

E, apesar de tudo, isso não é assim. Estamos diante de uma aberração já conhecida. Quando escolhemos as palavras, partimos do conjunto projetado do enunciado[24] e esse conjunto que projetamos e criamos é sempre expressivo e é ele que irradia a sua expressão (ou melhor, a nossa expressão) a cada palavra que escolhemos; por assim dizer, contagia essa palavra com a expressão do conjunto. E escolhemos a palavra pelo significado que em si mesmo não é expressivo mas pode ou não corresponder aos nossos objetivos expressivos em face de outras palavras, isto é, em face do conjunto do nosso enunciado. O significado neutro da palavra referida a certa realidade concreta em determinadas condições reais de comunicação discursiva gera a centelha da expressão. Ora, é precisamente isto que ocorre no processo de criação do enunciado. Reiteramos: só o contato do significado linguístico com a realidade concreta, só o contato da língua com a realidade, contato que se dá no enunciado, gera a centelha da expressão; esta não existe nem no sistema da língua nem na realidade objetiva existente fora de nós.

Portanto, a emoção, o juízo de valor e a expressão são estranhos à palavra da língua e surgem unicamente no processo do seu emprego vivo em um enunciado concreto. Em si mesmo, o *significado* de uma palavra (sem referência à realidade concreta) é extraemocional. Há palavras que significam especialmente emoções, juízos de valor: "alegria", "so-

---

Pechkovski, *Questões de metodologia da língua materna, da linguística e da estilística*, Moscou-Leningrado, 1930, p. 133). (N. da E.)

[24] Quando construímos o nosso discurso, sempre trazemos de antemão o todo do nosso enunciado, na forma tanto de um determinado esquema de gênero quanto de projeto individual de discurso. Não enfiamos as palavras, não vamos de uma palavra a outra, mas é como se completássemos a totalidade com as devidas palavras. Enfiamos as palavras apenas na primeira fase do estudo de uma língua estrangeira e ainda assim apenas quando usamos uma orientação metodológica precária.

Os gêneros do discurso

frimento", "belo", "alegre", "triste", etc. Mas esses significados também são neutros como todos os demais. O colorido expressivo só se obtém no enunciado, e esse colorido independe do significado de tais palavras, isoladamente tomado de forma abstrata; por exemplo: "Neste momento, qualquer alegria é apenas amargura para mim" — aqui a palavra "alegria" recebe entonação expressiva, por assim dizer, a despeito do seu significado.

Contudo, o acima exposto está longe de esgotar a questão. Esta é bem mais complexa. Quando escolhemos as palavras no processo de construção de um enunciado, nem de longe as tomamos sempre do sistema da língua em sua forma neutra, *lexicográfica*. Costumamos tirá-las de *outros enunciados*, e antes de tudo de enunciados congêneres com o nosso, isto é, pelo tema, pela composição, pelo estilo; consequentemente, selecionamos as palavras segundo a sua especificação de gênero. O gênero do discurso não é uma forma da língua, mas uma forma típica do enunciado; como tal forma, o gênero inclui certa expressão típica que lhe é inerente. No gênero a palavra ganha certa expressão típica. Os gêneros correspondem a situações típicas da comunicação discursiva, a temas típicos, por conseguinte, a alguns contatos típicos dos *significados* das palavras com a realidade concreta em circunstâncias típicas. Daí a possibilidade de expressões típicas, que parecem sobrepor-se às palavras. Essa expressividade típica do gênero não pertence, evidentemente, à palavra enquanto unidade da língua, não faz parte do seu significado, mas reflete apenas a relação da palavra e do seu significado com o gênero, isto é, com enunciados típicos. Essa expressão típica e a entonação típica que lhe corresponde carecem daquela força de coerção que têm as formas da língua. É uma normatividade do gênero mais livre. Neste exemplo: "Neste momento, qualquer alegria é amargura para mim", o tom expressivo da palavra "alegria", determinado pelo contexto, evidentemente não é típico dessa palavra. Os gêneros do discurso, no geral, se prestam de modo bastante fácil a uma reacentuação; o triste pode ser transformado em jocoso-alegre, mas daí resulta alguma coisa nova (por exemplo, o gênero de um epitáfio jocoso).

Essa expressividade típica (de gênero) pode ser vista como a "auréola estilística" da palavra, mas essa auréola não pertence à palavra da língua como tal mas ao gênero em que dada palavra costuma funcionar, é o eco da totalidade do gênero que ecoa na palavra.

A expressão de gênero da palavra — e a expressão de gênero da entonação — é impessoal como impessoais são os próprios gêneros do discurso (porque estes são uma forma típica de enunciados individuais mas não são os próprios enunciados). Todavia, as palavras podem entrar no nosso discurso a partir de enunciados individuais alheios, mantendo em menor ou maior grau os tons e ecos desses enunciados individuais.

As palavras da língua não são de ninguém, mas ao mesmo tempo nós as ouvimos apenas em certos enunciados individuais, nós os lemos em determinadas obras individuais, e aí as palavras já não têm expressão apenas típica, porém expressão individual externada com maior ou menor nitidez (em função do gênero), determinada pelo contexto singularmente individual do enunciado.

Os significados lexicográficos neutros das palavras da língua asseguram para ela a identidade e a compreensão mútua de todos os seus falantes, mas o emprego das palavras na comunicação discursiva viva sempre é de índole individual-contextual. Por isso pode-se dizer que qualquer palavra existe para o falante em três aspectos: como palavra da língua neutra e não pertencente a ninguém; como palavra *alheia* dos outros, cheia de ecos de outros enunciados; e, por último, como a *minha* palavra, porque, uma vez que eu opero com ela em uma situação determinada, com uma intenção discursiva determinada, ela já está compenetrada da minha expressão.

Nos dois aspectos finais, a palavra é expressiva, mas essa expressão, reiteramos, não pertence à própria palavra: ela nasce no ponto do contato da palavra com a realidade concreta e nas condições de uma situação real, e esse contato é realizado pelo enunciado individual. Neste caso, a palavra atua como expressão de certa posição valorativa do homem individual (de alguém dotado de autoridade, do escritor, cientista, pai, mãe, amigo, mestre, etc.) como abreviatura do enunciado.

Em cada época, em cada círculo social, em cada micromundo familiar, de amigos e conhecidos, de colegas, em que o homem cresce e vive, sempre existem enunciados investidos de autoridade que dão o tom, como as obras de arte, ciência, jornalismo político, nas quais as pessoas se baseiam, as quais elas citam, imitam, seguem. Em cada época, e em todos os campos da vida e da atividade, existem determinadas tradições, expressas e conservadas em roupagens verbalizadas: em obras, enunciados, sentenças, etc. Sempre existem essas ou aquelas ideias determinantes dos "senhores do pensamento" de uma época verbalmente expressas, algumas tarefas fundamentais, lemas, etc. Já nem falo dos modelos de antologias escolares nos quais as crianças aprendem a língua materna e que, evidentemente, são sempre expressivos.

Eis por que a experiência discursiva individual de qualquer pessoa se forma e se desenvolve em uma interação constante e contínua com os enunciados individuais dos outros. Em certo sentido, essa experiência pode ser caracterizada como processo de *assimilação* — mais ou menos criador — das palavras *do outro* (e não das palavras da língua). Nosso discurso, isto é, todos os nossos enunciados (inclusive as obras criadas) é pleno de palavras dos outros, de um grau vário de alteridade ou de assimilabilidade, de um grau vário de aperceptibilidade e de relevância. Essas palavras dos outros trazem consigo a sua expressão, o seu tom valorativo que assimilamos, reelaboramos, e reacentuamos.

Desse modo, a expressividade de determinadas palavras não é uma propriedade da própria palavra como unidade da língua e não decorre imediatamente do significado dessas palavras; essa expressão ou é uma expressão típica de gênero, ou um eco de uma expressão individual alheia, que torna a palavra uma espécie de representante da plenitude do enunciado do outro como posição valorativa determinada.

O mesmo cabe dizer também da oração enquanto unidade da língua: ela também carece de expressividade. Isso nós já afirmamos no início desta seção. Resta apenas completar brevemente o que foi dito. Acontece que os tipos existentes de orações costumam funcionar como enunciados plenos de determinados tipos de gênero. Assim são as orações exclamativas, interrogativas e exortativas. Existe um número muito grande de gêneros centrados no cotidiano e especiais (por exemplo, gêneros de ordens militares e de produção), que, em regra, são expressos por uma oração de tipo correspondente. Por outro lado, as orações desse tipo se encontram de modo relativamente raro no contexto de subordinação dos enunciados desenvolvidos. Quando expressões desse tipo [entram] no contexto desenvolvido de subordinação, destacam-se com certa nitidez de sua composição e, em regra, procurando ser ou a primeira ou a última oração do enunciado (ou da parte relativamente autônoma do enunciado).[25] Esses tipos de orações apresentam um interesse especial no corte do nosso problema e ainda voltaremos a elas. Aqui nos importa apenas observar que as orações desse tipo se fundem muito solidamente com sua expressão de gênero, assim como absorvem com especial facilidade a expressão in-

---

[25] A primeira e a última oração de um enunciado têm, em geral, uma natureza original, certa qualidade complementar. Porque se trata, por assim dizer, de orações da "linha de frente", que se encontram imediatamente em plena linha de alternância dos sujeitos do discurso.

dividual. Essas orações em muito contribuíram para consolidar a ilusão sobre a natureza expressiva da oração.

Mais uma observação. A oração enquanto unidade da língua tem uma entonação gramatical específica e não uma entonação expressiva. Situam-se entre as entonações gramaticais específicas: a entonação de acabamento, a explicativa, a disjuntiva, a enumerativa, etc. Cabe um papel especial à entonação narrativa, à interrogativa, à exclamativa e à exortativa: aqui se cruza de certo modo a entonação gramatical com a entonação de gênero (mas não com a expressiva no sentido preciso do termo). A oração só ganha entonação expressiva no conjunto do enunciado. Ao apresentar um exemplo de uma oração com o fito de analisá-la, costumamos abastecê-la de certa entonação típica, transformando-a em enunciado acabado (se tiramos a oração de um texto determinado nós a entonamos, evidentemente, segundo a expressão de dado texto).

Pois bem, o elemento expressivo é uma peculiaridade constitutiva do enunciado. O sistema da língua é dotado das formas necessárias (isto é, dos meios linguísticos) para emitir a expressão, mas a própria língua e as suas unidades significativas — as palavras e orações — carecem de expressão pela própria natureza, são neutras. Por isso servem igualmente bem a quaisquer juízos de valor, os mais diversos e contraditórios, a quaisquer posições valorativas.

Portanto, o enunciado, seu estilo e sua composição são determinados pelo elemento semântico-objetal e por seu elemento expressivo, isto é, pela relação valorativa do falante com o elemento semântico-objetal do enunciado. A estilística desconhece qualquer terceiro elemento. Ela só considera os seguintes fatores que determinam o estilo do enunciado: o sistema da língua, o objeto do discurso e do próprio falante e a sua relação valorativa com esse objeto. A escolha dos meios linguísticos, segundo a concepção linguística corrente, é determinada apenas por considerações semântico-objetais e expressivas. Com isto se determinam também os estilos da língua, tanto os de uma corrente quanto os individuais. O falante com sua visão do mundo, os seus juízos de valor e emoções, por um lado, e o objeto de seu discurso e o sistema da língua (dos recursos linguísticos), por outro — eis tudo o que determina o enunciado, o seu estilo e sua composição. É esta a concepção dominante.

Em realidade, a questão é bem mais complexa. Todo enunciado concreto é um elo na cadeia da comunicação discursiva de um determinado campo. Os próprios limites do enunciado são determinados pela alternância dos sujeitos do discurso. Os enunciados não são indiferentes entre si nem se bastam cada um a si mesmos; uns conhecem os outros e se refletem mutuamente uns nos outros. Esses reflexos mútuos lhes determinam o caráter. Todo enunciado é pleno de ecos e ressonâncias de outros enunciados com os quais está ligado pela identidade da esfera de comunicação discursiva. Todo enunciado deve ser visto antes de tudo como uma *resposta* aos enunciados precedentes de um determinado campo (aqui concebemos a palavra "resposta" no sentido mais amplo): ela os rejeita, confirma, completa, baseia-se neles, subentende-os como conhecidos, de certo modo os leva em conta. Porque o enunciado ocupa uma posição *definida* em uma dada esfera da comunicação, em uma dada questão, em um dado assunto, etc. É impossível alguém definir sua posição sem correlacioná-la com outras posições. Por isso, todo enunciado é repleto de variadas atitudes responsivas a outros enunciados de um dado campo da comunicação discursiva. Essas reações têm diferentes formas: os enunciados dos outros podem ser introduzidos diretamente no contexto do enunciado; podem ser introduzidas somente palavras isoladas ou orações que, neste caso, figurem como representantes de enunciados plenos, e além disso enunciados plenos e palavras isoladas podem conservar a sua expressão alheia mas não podem ser reacentuados (em termos de ironia, de indignação, reverência, etc.); os enunciados dos outros podem ser recontados com um variado grau de reassimilação; podemos simplesmente nos basear neles como em um interlocutor bem conhecido, podemos pressupô-los em silêncio, a atitude responsiva pode refletir-se somente na expressão do próprio discurso — na seleção de recursos linguísticos e entonações, determinada não pelo objeto do próprio discurso mas pelo enunciado do outro sobre o mesmo objeto. Este caso é típico e importante: muito amiúde a expressão do nosso enunciado é determinada não só — e vez por outra não tanto — pelo conteúdo semântico-objetal desse enunciado, mas também pelos enunciados do outro sobre o mesmo tema, aos quais respondemos, com os quais polemizamos; através deles se determina também o destaque dado a determinados elementos, as repetições e a escolha de expressões mais duras (ou, ao contrário, mais brandas); determina-se também o tom. A expressão do enunciado nunca pode ser entendida e explicada até o fim levando-se em conta apenas o seu conteúdo centrado no objeto e no sentido. A expressão do enunciado, em maior ou menor grau, *responde*, isto é, exprime a relação do falante com os enunciados do outro, e não só a relação com os objetos do seu enunciado.[26] As formas das atitudes responsivas, que preenchem o enunciado, são sumamente diversas e até hoje não foram objeto de nenhum estudo especial. Essas formas, é claro, diferenciam-se acentuadamente em função da distinção entre aqueles campos da atividade humana e da vida nos quais ocorre a comunicação discursiva. Por mais monológico que seja o enunciado (por exemplo, uma obra científica ou filosófica), por mais concentrado que esteja no seu objeto, não pode deixar de ser em certa medida também uma res-

---

[26] A entonação é particularmente sensível e sempre indica o contexto.

posta àquilo que já foi dito sobre dado objeto, sobre dada questão, ainda que essa responsividade não tenha adquirido uma nítida expressão externa: ela irá manifestar-se na tonalidade do sentido, na tonalidade da expressão, na tonalidade do estilo, nos matizes mais sutis da composição. O enunciado é pleno de *tonalidades dialógicas*, e sem levá-las em conta é impossível entender até o fim o estilo de um enunciado. Porque a nossa própria ideia — seja filosófica, científica, artística — nasce e se forma no processo de interação e luta com os pensamentos dos outros, e isso não pode deixar de encontrar o seu reflexo também nas formas de expressão verbalizada do nosso pensamento.

Os enunciados do outro e as palavras isoladas do outro, apreendidas e destacadas como do outro e introduzidas no enunciado, inserem nele algo que é, por assim dizer, irracional do ponto de vista da língua como sistema, particularmente do ponto de vista da sintaxe. As relações recíprocas entre o discurso introduzido do outro e o restante — o meu discurso — não têm qualquer analogia com nenhuma relação sintática no âmbito de um conjunto sintático simples e complexo, nem com as relações, centradas no objeto e no sentido, entre totalidades sintáticas gramaticalmente desconexas e isoladas no âmbito de um dado enunciado. Em compensação, essas relações são análogas (mas, evidentemente, não idênticas) às relações das réplicas do diálogo. A entonação que isola o discurso do outro (marcado por aspas no discurso escrito) é um fenômeno de tipo especial: é uma espécie de *alternância dos sujeitos do discurso* transferida para o interior do enunciado. Os *limites* criados por essa alternância são aí enfraquecidos e específicos: a expressão do falante penetra através desses limites e se dissemina no discurso do outro, que podemos transmitir em tons irônicos, indignados, simpáticos, reverentes (essa expressão é transmitida com o auxílio de uma entonação expressiva — no discurso escrito é como se a adivinhássemos e a sentíssemos graças ao contexto que

Os gêneros do discurso

emoldura o discurso do outro — ou pela situação extraverbal — ela sugere a expressão correspondente). Assim, o discurso do outro tem uma dupla expressão: a sua, isto é, a alheia, e a expressão do enunciado que acolheu esse discurso. Tudo isso se verifica, antes de tudo, onde o discurso do outro (ainda que seja uma palavra que aqui ganha força de um enunciado pleno) é citado textualmente e destacado com nitidez (entre aspas): aqui se ouvem com nitidez os ecos da alternância dos sujeitos do discurso e das suas mútuas relações dialógicas. Contudo, em qualquer enunciado, quando estudado com mais profundidade em situações concretas de comunicação discursiva, descobrimos toda uma série de palavras do outro semilatentes e latentes, de diferentes graus de alteridade. Por isso o enunciado é representado por ecos como que distantes e mal percebidos das alternâncias dos sujeitos do discurso e pelas tonalidades dialógicas, enfraquecidas ao extremo pelos limites dos enunciados, totalmente permeáveis à expressão do autor. O enunciado se mostra um fenômeno muito complexo e multiplanar se não o examinamos isoladamente e só na relação com o seu autor (o falante), mas como um elo na cadeia da comunicação discursiva e da relação com outros enunciados a ele vinculados (essas relações costumavam ser descobertas não no plano verbalizado — estilístico-composicional — mas tão somente no plano semântico-objetal).

Cada enunciado isolado é um elo na cadeia da comunicação discursiva. Ele tem limites precisos, determinados pela alternância dos sujeitos do discurso (dos falantes), mas no âmbito desses limites o enunciado, como a mônada de Leibniz, reflete o processo do discurso, os enunciados do outro, e antes de tudo os elos precedentes da cadeia (às vezes os mais imediatos, e vez por outra até os muito distantes — os campos da comunicação cultural).

Qualquer que seja o objeto do discurso do falante, ele não se torna objeto do discurso em um enunciado pela primeira vez, e um determinado falante não é o primeiro a falar sobre ele. O objeto, por assim dizer, já está ressalvado, contestado, elucidado e avaliado de diferentes modos; nele se cruzam, convergem e divergem diferentes pontos de vista, visões de mundo, correntes. O falante não é um Adão bíblico, só relacionado com objetos virgens ainda não nomeados, aos quais dá nome pela primeira vez. As concepções simplificadas sobre comunicação como fundamento lógico-psicológico da oração nos lembram obrigatoriamente esse Adão mítico. Na alma do falante ocorre a combinação de duas concepções (ou, ao contrário, o desmembramento de uma concepção complexa em duas simples), e ele profere orações como as seguintes: "O sol brilha", "A grama é verde", "Eu estou sentado", etc. Semelhantes orações, é claro, são perfeitamente possíveis; contudo, ou são justificadas e assimiladas pelo contexto de um enunciado pleno, que as incorpora à comunicação discursiva (na qualidade de réplica do diálogo, de um artigo de divulgação científica, de palestra de um professor na sala de aula, etc.), ou, se são enunciados acabados, a situação do discurso os justifica de certo modo e os inclui na cadeia da comunicação discursiva. Em realidade — repetimos —, todo enunciado, além do seu objeto, sempre responde (no sentido amplo da palavra) de uma forma ou de outra aos enunciados do outro que o antecederam. O falante não é um Adão, e por isso o próprio objeto do seu discurso se torna inevitavelmente um palco de encontro com opiniões de interlocutores imediatos (na conversa ou na discussão sobre algum acontecimento cotidiano) ou com pontos de vista, visões de mundo, correntes, teorias, etc. (no campo da comunicação cultural). Uma visão de mundo, uma corrente, um ponto de vista, uma opinião sempre têm uma expressão verbalizada. Tudo isso é discurso do outro (em forma pessoal ou impessoal), e este não pode deixar de se refletir no enunciado. O enunciado está voltado não só para o seu objeto mas também para os discursos do outro sobre ele. No entanto, até a mais leve alusão ao enunciado do outro imprime no discurso uma reviravolta dialógica, que nenhum tema centrado meramente no objeto pode imprimir. A relação com a palavra do outro difere essencialmente da relação com o objeto, mas ela sempre acompanha esse objeto. Reiteremos: o enunciado é um elo na cadeia da comunicação discursiva e não pode ser separado dos elos precedentes que o determinam tanto de fora quanto de dentro, gerando nele atitudes responsivas diretas e ressonâncias dialógicas.

Entretanto, o enunciado não está ligado apenas aos elos precedentes mas também aos subsequentes da comunicação discursiva. Quando o enunciado é criado por um falante, tais elos ainda não existem. Desde o início, porém, o enunciado se constrói levando em conta as atitudes responsivas, em prol das quais ele, em essência, é criado. O papel dos outros, para quem se constrói o enunciado, é excepcionalmente grande, como já sabemos. Já dissemos que esses outros, para os quais o meu pensamento se torna um pensamento real pela primeira vez (e deste modo também para mim mesmo), não são ouvintes passivos, mas participantes ativos da comunicação discursiva. Desde o início o falante aguarda a resposta deles, espera uma ativa compreensão responsiva. É como se todo o enunciado se construísse ao encontro dessa resposta.

Um traço essencial (constitutivo) do enunciado é a possibilidade de seu *direcionamento* a alguém, de seu *endereçamento*. À diferença das unidades significativas da língua — palavras e orações —, que são impessoais, de ninguém e a ninguém estão endereçadas, o enunciado tem autor (e, respectivamente, expressão, do que já falamos) e destinatário. Esse destinatário pode ser um participante-interlocutor direto do diálogo cotidiano, pode ser uma coletividade diferenciada de especialistas de algum campo especial da comunicação cultural, pode ser um público mais ou menos diferenciado, um povo, os contemporâneos, os correligionários, os adversários e inimigos, o subordinado, o chefe, um inferior, um superior, uma pessoa íntima, um estranho, etc.; ele também pode ser um *outro* totalmente indefinido, não concretizado (em toda sorte de enunciados monológicos de tipo emocional). Todas essas modalidades e concepções do destinatário são determinadas pelo campo da atividade humana e da vida a que tal enunciado se refere. A quem se destina o enunciado, como o falante (ou o que escreve) percebe e representa para si os seus destinatários, qual é a força e a influência deles no enunciado — disto dependem tanto a composição quanto, particularmente, o estilo do enunciado.

Cada gênero do discurso em cada campo da comunicação discursiva tem a sua concepção típica de destinatário que o determina como gênero.

O destinatário do enunciado pode, por assim dizer, coincidir *pessoalmente* com aquele (ou aqueles) a quem *responde* o enunciado. No diálogo cotidiano ou na correspondência, essa coincidência pessoal é comum: aquele a quem eu respondo é o meu destinatário, de quem, por sua vez, aguardo resposta (ou, em todo caso, uma ativa compreensão responsiva). Mas nos casos de tal coincidência pessoal uma pessoa desempenha dois diferentes papéis, e essa diferença de papéis é justamente o que importa. Porque o enunciado daquele a quem eu respondo (com o qual concordo, ao qual faço objeção, o qual executo, levo em conta, etc.) já está presente, a sua resposta (ou compreensão responsiva) ainda está por vir. Ao construir o meu enunciado, procuro defini-lo de maneira ativa; por outro lado, procuro antecipá-lo, e essa resposta antecipável exerce, por sua vez, uma ativa influência sobre o meu enunciado (dou resposta pronta às objeções que prevejo, apelo para toda sorte de subterfúgios, etc.). Ao falar, sempre levo em conta o campo aperceptivo da percepção do meu discurso pelo destinatário: até que ponto ele está a par da situação, dispõe de conhecimentos especiais de um dado campo cultural da comunicação; levo em conta as suas concepções e convicções, os seus preconceitos (do meu ponto de vis-

Os gêneros do discurso

ta), as suas simpatias e antipatias — tudo isso irá determinar a sua ativa compreensão responsiva do meu enunciado ele. Essa consideração irá determinar também a escolha do gênero do enunciado e a escolha dos procedimentos composicionais e, por último, dos meios linguísticos, isto é, o *estilo* do enunciado. Por exemplo, os gêneros da literatura popular científica são endereçados a um determinado círculo de leitores dotados de um determinado fundo aperceptivo de compreensão responsiva; a outro leitor está endereçada uma literatura didática especial e a outro, inteiramente diferente, trabalhos especiais de pesquisa. Em todos esses casos, a consideração do destinatário (e do seu campo aperceptivo) e a sua influência sobre a construção do enunciado são muito simples. Tudo se resume ao volume dos seus conhecimentos especiais.

Em outros casos, a questão pode ser bem mais complexa. A consideração do destinatário e a antecipação da sua atitude responsiva são frequentemente amplas, e inserem uma original dramaticidade interior no enunciado (em algumas modalidades de diálogo cotidiano, em cartas, em gêneros autobiográficos e confessionais). Esses fenômenos são de uma índole aguda, porém mais exterior nos gêneros retóricos.

A posição social, o título e o peso do destinatário, refletidos nos enunciados dos campos cotidianos e oficiais, são de índole especial. Nas condições de um regime de classes e particularmente de castas, observa-se uma excepcional diferenciação dos gêneros do discurso e dos respectivos estilos em função do título, da categoria, da patente, do peso da fortuna e do peso social, da idade do destinatário e da respectiva posição do próprio falante (ou de quem escreve). Apesar da riqueza da diferenciação tanto das formas basilares quanto das nuances, esses fenômenos são de índole padronizada e externa: não são capazes de inserir uma dramaticidade interior minimamente profunda no enunciado. São interessantes apenas como exemplos da expressão, ainda que bastante tosca, mas assim mesmo evidente da influência do destinatário sobre a construção e o estilo do enunciado.[27]

Matizes mais sutis do estilo são determinados pela índole e pelo grau de proximidade *pessoal* do destinatário em relação ao falante nos diversos gêneros familiares de discurso, por um lado, e íntimos, por outro. A despeito de toda a imensa diferença entre os gêneros familiares e íntimos (e, respectivamente, os estilos), eles percebem igualmente o seu destinatário em maior ou menor grau fora do âmbito da hierarquia social e das convenções sociais, por assim dizer, "sem classes". Isto gera uma *franqueza* especial do discurso (que nos estilos familiares chega às vezes ao cinismo). Nos estilos íntimos isto se traduz no empenho voltado como que para a plena fusão do falante com o destinatário do discurso. No discurso familiar, graças à supressão dos vetos ao discurso e das convenções, é possível o enfoque especial, não oficial e livre da realidade.[28] Por isso, na época do Renascimento, os gêneros e estilos familiares puderam desempenhar um papel grande e positivo na causa da destruição do quadro oficial medieval do mundo; também em outros períodos em que se colocava a tarefa de destruir os estilos e concepções de mundo oficiais, que se haviam petrificado e tornado convencionais, os estilos familiares ganham uma grande importância

---

[27] Lembremos uma observação de Gógol a esse respeito: "É impossível contar todos os matizes e sutilezas do nosso apelo... Entre nós existem uns sabichões que falam com fazendeiros donos de duzentos servos de um modo inteiramente diferente daquele com que falam com fazendeiros donos de trezentos servos, e com estes donos de trezentos não irão falar do mesmo jeito com que falam com aqueles que possuem quinhentos, e com estes possuidores de quinhentos não irão falar do mesmo jeito com que falam com os que possuem oitocentos; em suma, mesmo que apareçam donos de um milhão de servos, vão encontrar matizes para estes" (*Almas mortas*, cap. 3).

[28] A franqueza da praça pública pronunciada em viva voz e o ato de chamar os objetos pelos seus próprios nomes caracterizam esse estilo.

na literatura. Além disso, a familiarização dos estilos abre acessos para a literatura a camadas da língua que até então estavam sob proibição do discurso. Até hoje a importância dos gêneros e estilos na história da literatura não foi suficientemente valorizada.

Os gêneros e estilos íntimos se baseiam na máxima proximidade interior do falante com o destinatário do discurso (no limite, como que na fusão dos dois). O discurso íntimo é impregnado de uma profunda confiança no destinatário, em sua simpatia — na sensibilidade e na boa vontade da sua compreensão responsiva. Nesse clima de profunda confiança, o falante abre as suas profundezas interiores. Isso determina a expressividade específica e a franqueza interior desses estilos (diferentemente da barulhenta franqueza de rua do discurso familiar).

Os gêneros e estilos familiares e íntimos (até hoje muito mal estudados) revelam de maneira excepcionalmente clara a dependência do estilo em face de uma determinada sensação e compreensão do destinatário pelo falante (em face do seu enunciado e da antecipação da sua ativa compreensão responsiva pelo falante. Nesses estilos revelam-se com especial clareza a estreiteza e o equívoco da estilística tradicional, que procura compreender e definir o estilo apenas do ponto de vista do conteúdo do objeto, do sentido do discurso e da relação expressiva do falante com esse conteúdo. Sem levar em conta a relação do falante com o outro e seus enunciados (presentes e antecipáveis), é impossível compreender o gênero ou estilo do discurso.

Contudo, também os chamados estilos neutros ou objetivos de exposição, concentrados ao máximo em seu objeto e, pareceria, estranhos a qualquer olhada repetida para o outro, envolvem, apesar de tudo, uma determinada concepção do seu destinatário. Tais estilos objetivo-neutros produzem uma seleção de meios linguísticos não só do ponto de vista da sua adequação ao objeto do discurso, mas também do ponto de vista do proposto fundo aperceptível do destinatário do discurso, mas esse fundo é levado em conta de modo extremamente genérico e abstraído do seu aspecto expressivo (também é mínima a expressão do próprio falante no estilo objetivo). Os estilos neutro-objetivos pressupõem uma espécie de triunfo do destinatário sobre o falante, uma unidade dos seus pontos de vista, mas essa identidade e essa unidade custam quase a plena recusa à expressão. Cabe observar que o caráter dos estilos neutro-objetivos (e, consequentemente, da concepção que lhes serve de base) é bastante diverso em função da diferença de campos da comunicação discursiva.

A concepção do destinatário do discurso (como o sente e imagina o falante ou quem escreve) é uma questão de enorme importância na história da literatura. Cada época, cada corrente literária e estilo ficcional, cada gênero literário no âmbito de uma época e cada corrente têm como características suas concepções específicas de destinatário da obra literária, a sensação especial e a compreensão do seu leitor, ouvinte, público, povo. O estudo histórico das mudanças dessas concepções é uma tarefa interessante e importante. Mas para sua elaboração eficaz faz-se necessária uma clareza teórica na própria colocação do problema.

Cabe observar que, paralelamente àquelas sensações e concepções reais do seu destinatário, que efetivamente determinam o estilo dos enunciados (obras), na história da literatura existem ainda formas convencionais ou semiconvencionais de apelo aos leitores, ouvintes, descendentes, etc., assim como paralelamente ao autor real existem imagens convencionais e semiconvencionais de autores testas de ferro, editores, narradores de toda espécie. A imensa maioria dos gêneros literários é constituída de gêneros secundários, complexos, formados por diferentes gêneros primários transformados (réplicas do diálogo, relatos cotidianos, cartas, diários, protocolos, etc.). Tais gêneros secundários da complexa co-

Os gêneros do discurso

67

municação cultural, em regra, *representam* formas diversas de comunicação discursiva primária. Daí nascem todas essas personagens literárias convencionais de autores, narradores e destinatários. Entretanto, a obra mais complexa e pluricomposicional do gênero secundário no seu conjunto (enquanto conjunto) é o enunciado único e real, que tem autor real e destinatários realmente percebidos e representados por esse autor.

Portanto, o direcionamento, o endereçamento do enunciado, é sua peculiaridade constitutiva sem a qual não há nem pode haver enunciado. As várias formas típicas de tal direcionamento e as diferentes concepções típicas de destinatários são peculiaridades constitutivas e determinantes dos diferentes gêneros do discurso.

À diferença dos enunciados (e dos gêneros do discurso), as unidades significativas da língua — a palavra e a oração por sua própria natureza são desprovidas de direcionamento, de endereçamento — não são de ninguém e a ninguém se referem. Ademais, em si mesmas carecem de qualquer relação com o enunciado do outro, com a palavra do outro. Se uma palavra isolada ou uma oração está endereçada, direcionada, temos diante de nós um enunciado acabado, constituído de uma palavra ou de uma oração, e o direcionamento pertence não a elas como unidades da língua, mas ao enunciado. Envolvida pelo contexto, a oração só se incorpora ao direcionamento através de um enunciado pleno como sua parte constituinte (elemento).[29]

A língua como sistema tem uma imensa reserva de recursos puramente linguísticos para exprimir o direcionamento formal: recursos lexicais, morfológicos (os respectivos casos, pronomes, formas pessoais dos verbos), sintáticos (di-

---

[29] Observemos que os tipos exclamatórios e indutivos de orações costumam figurar como enunciados acabados (nos respectivos gêneros do discurso).

versos padrões e modificações das orações). Entretanto, eles só atingem o direcionamento real na totalidade de um enunciado concreto. É evidente que a expressão desse direcionamento real nunca se esgota nesses recursos linguísticos especiais (gramaticais). Eles podem nem existir mas, neste caso, o enunciado pode refletir de modo muito acentuado a influência do destinatário e sua atitude responsiva antecipada. A escolha de *todos* os recursos linguísticos é feita pelo falante sob maior ou menor influência do destinatário e da sua resposta antecipada.

Quando se analisa uma oração isolada, destacada do contexto, os vestígios do direcionamento e da influência da resposta antecipável, as ressonâncias dialógicas sobre os enunciados que antecedem aos outros, os vestígios enfraquecidos da alternância dos sujeitos do discurso, que sulcaram de dentro o enunciado, perdem-se, obliteram-se, porque tudo isso é estranho à natureza da oração como unidade da língua. Todos esses fenômenos estão ligados ao todo do enunciado, e deixam de existir para ele onde esse todo desaparece do campo de visão do analisador. Nisto reside uma das causas da já referida estreiteza da estilística tradicional. A análise estilística, que abrange todos os aspectos do estilo, só é possível como análise de um enunciado *pleno* e só naquela cadeia da comunicação discursiva da qual esse enunciado é um *elo* inseparável.

Os gêneros do discurso

O texto na linguística, na filologia e em outras ciências humanas: um experimento de análise filosófica[1]

Cabe denominar *filosófica* a nossa análise antes de tudo por considerações de índole negativa: não é uma análise linguística, nem filológica, nem de investigação literária ou qualquer outra análise (investigação) especial. As considerações positivas são estas: nossa pesquisa transcorre em campos limítrofes, isto é, nas fronteiras de todas as referidas disciplinas, em seus cruzamentos e junções.

O texto (escrito ou oral) enquanto dado primário de todas essas disciplinas, do pensamento filológico-humanista em geral (inclusive do pensamento teológico e filosófico em sua fonte). O texto é a *realidade imediata* (realidade do pensamento e das vivências), a única fonte de onde podem provir essas disciplinas e esse pensamento. Onde não há texto não há objeto de pesquisa e pensamento. O texto "subentendido". Se concebe o texto no sentido amplo como qualquer conjunto coerente de signos, a ciência das artes (a musicologia, a teoria e a história das artes plásticas) opera com textos (obras de arte). São pensamentos sobre pensamentos, vivências das vivências, palavras sobre palavras, textos sobre tex-

---

[1] Em minha antiga tradução de *Estética da criação verbal*, o título deste cabeçalho era "O problema do texto na linguística, na filologia e em outras ciências humanas...". Para esta nova edição resolvi abolir "O problema do" por considerá-lo um cacoete do estilo russo, cuja supressão não tem nenhuma interferência na reflexão de Bakhtin. (N. do T.)

tos. Nisto reside a diferença essencial entre as nossas disciplinas (humanas) e naturais (sobre a natureza), embora aqui não haja fronteiras absolutas, impenetráveis. O pensamento das ciências humanas nasce como pensamento sobre pensamentos dos outros, sobre exposições de vontades, manifestações, expressões, signos atrás dos quais estão os deuses que se manifestam (a revelação) ou os homens (as leis dos soberanos do poder, os legados dos ancestrais, as sentenças e enigmas anônimos, etc.). O, por assim dizer, inventário cientificamente exato dos textos e a crítica dos textos são fenômenos mais tardios (trata-se de toda uma reviravolta no pensamento das ciências humanas, do nascimento da *desconfiança*). A princípio era a *fé*, que exige apenas compreensão — *interpretação*. O apelo aos textos profanos (o aprendizado de línguas, etc.). Não é nossa intenção um aprofundamento na história das ciências humanas, particularmente da filologia e da linguística — estamos interessados na especificidade do pensamento das ciências humanas, voltado para pensamentos, sentidos, e significados dos outros, etc., realizados e dados ao pesquisador apenas sob a forma de *texto*. Independentemente de quais sejam os objetivos de uma pesquisa, só o texto pode ser o ponto de partida.

Nosso interesse estará voltado apenas para a questão dos textos *verbais*, que são o dado primário das respectivas disciplinas humanísticas, primordialmente da linguística, da filologia, da investigação literária, etc.

Todo texto tem um sujeito, um autor (o falante, ou quem escreve). Os possíveis tipos, modalidades e formas de autoria. Em certos limites, a análise linguística pode até abstrair inteiramente a autoria. A interpretação de um texto como *modelo* (os juízos modelares, os silogismos na lógica, as orações na gramática, a "comutação"[2] na linguística, etc.). Tex-

---

[2] Comutação — termo da linguística estrutural introduzido por L.

tos imaginários (modelares e outros). Textos a serem construídos (com fins de experimento linguístico ou estilístico). Aqui, manifestam-se em toda parte tipos especiais de autores, inventores de exemplos, experimentadores com sua peculiar responsabilidade autoral (aqui existe também um segundo sujeito: quem poderia dizer dessa maneira).

A questão das fronteiras do texto. O texto como *enunciado*. A questão das funções do texto e dos gêneros de texto.

Dois elementos que determinam o texto como enunciado: a sua ideia (intenção) e a realização dessa intenção. As inter-relações dinâmicas desses elementos, a luta entre eles, que determina a índole do texto. A divergência entre eles pode sugerir muita coisa. O "Pelestradal" (L. Tolstói).[3] Os lapsos e omissões segundo Freud (expressão do inconsciente). Mudança da intenção no processo de sua realização. O não cumprimento da intenção fonética.

A questão do segundo sujeito, que reproduz (para esse ou outro fim, inclusive para fins de pesquisa) o texto (do outro) e cria um texto emoldurador (que comenta, avalia, objeta, etc.).

A dualidade especial de planos e sujeitos do pensamento das ciências humanas.

A textologia como teoria e prática da reprodução científica dos textos literários. O sujeito textológico (o textólogo) e as suas peculiaridades.

A questão do ponto de vista (da posição espaço-temporal) do observador na astronomia e na física.

O texto como enunciado incluído na comunicação discursiva (na cadeia textológica) de dado campo. O texto co-

---

Hjelmslev, o mais destacado linguista da Escola de Copenhague (a chamada glossemática); o termo significa uma dependência substancial entre o plano da expressão e o plano do conteúdo na língua. (N. da E.)

[3] *Anna Kariênina*, parte 4, cap. IV. (N. da E.)

mo mônada original, que reflete todos os textos (no limite) de um dado campo do sentido. A concatenação de todos os sentidos (uma vez que se realizam nos enunciados).

As relações dialógicas entre os textos e no interior de um texto. Sua índole específica (não linguística). Diálogo e dialética.

Dois polos do texto. Cada texto pressupõe um sistema universalmente aceito (isto é, convencional no âmbito de um dado grupo) de signos, uma linguagem (ainda que seja a linguagem da arte). Se por trás do texto não há uma linguagem, este já não é um texto mas um fenômeno das ciências naturais (não embasado em signo), por exemplo, um conjunto de gritos naturais e gemidos desprovidos de repetição linguística (semiótica).[4] É claro, todo texto (seja ele oral ou escrito) compreende um número considerável de elementos naturais diversos, desprovidos de qualquer configuração semiótica, que vão além dos limites da investigação humanística (linguística, filológica, etc.) mas são por estas levadas em conta (a deterioração de um manuscrito, uma dicção ruim, etc.). Não há e nem pode haver textos puros. Além disso, em cada texto existe uma série de elementos que podem ser chamados de técnicos (aspecto técnico do gráfico, da obra, etc.). Portanto, por trás de cada texto está o sistema da linguagem. A esse sistema correspondem no texto tudo o que é repetido e reproduzido e tudo o que pode ser repetido e reproduzido, tudo o que pode ser dado fora de tal texto (o dado). Concomitantemente, porém, cada texto (como enunciado) é algo individual, único e singular, e nisso reside todo o seu sentido (a sua intenção em prol da qual ele foi criado). É aquilo que nele tem relação com a verdade, com a bondade, com a beleza, com a história. Em relação a esse elemento, tudo o que é suscetível de repetição e reprodução vem a ser material e

---

[4] Embora Bakhtin não use o termo "semiótico" mesmo tratando de signo, resolvemos usá-lo para evitar a adjetivação "signo". (N. do T.)

meio. Em certa medida, isso ultrapassa os limites da linguística e da filologia. Esse segundo elemento (polo) é inerente ao próprio texto mas só se revela numa situação e na cadeia dos textos (na comunicação discursiva de dado campo). Esse polo não está vinculado aos elementos (repetíveis) do sistema da língua (os signos) mas a outros textos (singulares), a relações dialógicas (e dialéticas com abstração do autor) peculiares.

Esse segundo polo está indissoluvelmente ligado ao elemento da autoria e não tem nada em comum com a singularidade natural e casual; é inteiramente realizado com recursos do sistema de signos da língua. É realizado por um contexto genuíno, embora seja acrescido de elementos naturais. A relatividade de todas as fronteiras (por exemplo, para onde se dirige o timbre da voz do leitor, do falante, etc.). A mudança das funções determina igualmente a mudança das fronteiras. A diferença entre fonologia[5] e fonética.

O problema da inter-relação semântica (dialética) e dialógica dos textos no âmbito de um determinado campo. Uma questão específica da inter-relação histórica dos textos. Tudo isso à luz do segundo polo. A questão das fronteiras da explicação causal. O principal é não se desligar do texto (ao menos do eventual, imaginário, a ser construído).

A ciência do espírito. O espírito (o meu e o do outro) não pode ser dado como coisa (objeto imediato das ciências naturais) mas apenas na expressão semiótica, na realização em textos tanto para mim quanto para o outro. Crítica à in-

---

[5] Fonologia: disciplina linguística criada pelo linguista russo N. S. Trubietskói (*Fundamentos de fonologia*, Praga, 1939; Moscou, 1960). Partindo da dicotomia saussuriana de língua e fala, Trubietskói distingue fonética — ciência dos sons da fala — como fenômeno material estudado pelos métodos das ciências naturais, e fonologia — teoria do som da língua, dotada de certa função que distingue o sentido do sistema da língua. (N. da E.)

O texto na linguística

trospecção. Contudo, faz-se necessária uma compreensão profunda, rica e sutil do texto. Teoria do texto.

Um gesto natural na representação do autor ganha valor de signo (como gesto arbitrário, de representação, subordinado à intenção do papel).

A singularidade natural (por exemplo, as impressões digitais) e a unicidade significante (semiótica) do texto. Só é possível a reprodução mecânica das impressões digitais (em qualquer número de exemplares); é possível, evidentemente, a mesma reprodução mecânica do texto (por exemplo, a cópia), mas a reprodução do texto pelo sujeito (a retomada dele, a repetição da leitura, uma nova execução, uma citação) é um acontecimento novo e singular na vida do texto, o novo elo na cadeia histórica da comunicação discursiva.

Todo sistema de signos (isto é, qualquer língua), por mais que sua convenção se apoie em uma coletividade estreita, em princípio sempre pode ser decodificado, isto é, traduzido para outros sistemas de signos (outras linguagens); consequentemente, existe uma lógica geral dos sistemas de signos, uma potencial linguagem das linguagens única (que, evidentemente, nunca pode vir a ser uma linguagem única concreta, uma das linguagens). No entanto, o texto (à diferença da língua como sistema de meios) nunca pode ser traduzido até o fim, pois não existe um potencial texto único dos textos.

O acontecimento da vida do texto, isto é, a sua verdadeira essência, sempre se desenvolve *na fronteira de duas consciências, de dois sujeitos.*

Um estenograma do pensamento humanístico é sempre o estenograma de um diálogo de tipo especial: a complexa inter-relação do *texto* (objeto de estudo e reflexão) e do *contexto* emoldurador a ser criado (que interroga, faz objeções, etc.), no qual se realiza o pensamento cognoscente e valorativo do cientista. É um encontro de dois textos — do texto pronto e do texto a ser criado, que reage; consequentemente, é o encontro de dois sujeitos, de dois autores.

Pode-se passar ao primeiro polo, isto é, à linguagem — à linguagem do autor, à linguagem do gênero, da corrente, da época, passar à língua nacional (linguística) e, por último, à linguagem potencial das linguagens (o estruturalismo, a glossemática).[6] Pode-se avançar para o segundo polo — para o acontecimento singular do texto. Entre esses dois polos se dispõem todas as possíveis disciplinas humanísticas, oriundas do dado primário do texto.

Ambos os polos são indiscutíveis: é indiscutível a potencial linguagem das linguagens, como é indiscutível o texto único e singular.

Todo texto verdadeiramente criador é sempre, em certa medida, uma revelação do indivíduo livre e não predeterminado pela necessidade empírica. Por isso ele (em seu núcleo livre) não admite nem a explicação causal nem a previsão científica. Mas isto, evidentemente, não exclui a necessidade interior, a lógica interior do núcleo livre do texto (sem isso ele não seria compreendido, reconhecido e eficaz).

O texto nas ciências humanas. As ciências humanas são as ciências do homem em sua especificidade e não de uma coisa muda ou um fenômeno natural. O homem em sua especificidade humana sempre exprime a si mesmo (fala), isto é, cria texto (ainda que potencial). Onde o homem é estudado fora do texto e independente deste já não se trata de ciências humanas (mas de anatomia e fisiologia do homem, etc.).

O texto na textologia. O aspecto filosófico dessa questão.

---

[6] A glossemática tentou criar uma teoria linguística geral extremamente abstraída do material das línguas concretas e juízos "para descrever e prever qualquer texto eventual em qualquer língua". L. Hjelmslev, "Prolegômenos a uma teoria da língua", em *O novo em linguística*, v. 1, Moscou, 1960, p. 277. A teoria linguística da glossemática se converte em uma teoria geral dos sistemas de signos. (N. da E.)

O texto na linguística

Tentativa de estudar o texto como "reação verbal" (behaviorismo).[7] A cibernética, a teoria da informação, a estatística e o problema do texto. A reificação do texto. Os limites dessa reificação.

A atitude humana é um texto em potencial e pode ser compreendida (como atitude humana e não ação física) unicamente no contexto dialógico da própria época (como réplica, como posição semântica, como sistema de motivos).

"Todo o sublime e belo" é não uma unidade fraseológica no sentido comum mas uma combinação de palavras de tipo especial dotada de entonação ou expressividade. É o representante do estilo, da visão de mundo, do tipo humano, cheira a contextos, nele há duas vozes, dois sujeitos (aquele que falaria assim tão sério, e aquele que parodia o primeiro). Tomadas em separado (fora da combinação), as palavras "belo" e "sublime" carecem de bivocalidade; a segunda voz só entra na combinação de palavras que se torna um enunciado (isto é, recebe o sujeito do discurso sem o qual não pode haver uma segunda voz). E uma palavra pode tornar-se bivocal se vier a ser uma abreviatura de enunciado (isto é, se ganhar autor). A unidade fraseológica não foi criada pela primeira, mas pela segunda voz.

Língua e fala, oração e enunciado. O sujeito do discurso (uma individualidade "natural" generalizada) e um autor do enunciado. Alternância dos sujeitos do discurso e alternância dos falantes (autores do enunciado). Podemos identificar língua e fala uma vez que na fala estão obliterados os li-

---

[7] Cf. nota 3 ao capítulo "Os gêneros do discurso". Sobre as "reações verbais" na interpretação dos behavioristas com referência ao artigo de Vigótski, "A consciência como problema de psicologia do comportamento", ver no livro de V. N. Volóchinov, *O freudismo* [publicado no Brasil pela editora Perspectiva em tradução nossa. (N. do T.)], Moscou-Leningrado, 1927, pp. 31-2 (o texto central desse livro pertence a Bakhtin). (N. da E.)

mites dialógicos dos enunciados. No entanto, nunca podemos identificar língua e comunicação discursiva (como intercâmbio dialógico de enunciados). É possível uma identidade absoluta entre duas e mais orações (sobrepostas uma à outra, como duas figuras geométricas, elas irão coincidir), além disso, devemos admitir que qualquer oração, mesmo a mais complexa, no fluxo ilimitado da fala pode repetir-se um número ilimitado de vezes em forma absolutamente idêntica, mas como enunciado (ou parte do enunciado) nenhuma oração, mesmo a de uma só palavra, jamais pode se repetir: é sempre um novo enunciado (ainda que seja uma citação).

Surge a questão de saber se a ciência opera com tais individualidades absolutamente singulares como os enunciados, se eles não iriam além dos limites do conhecimento científico generalizador. É claro que isso é possível. Em primeiro lugar, o ponto de partida de toda ciência são as unicidades ímpares e em todas as etapas da sua trajetória ela permanece ligada a estas. Em segundo, a ciência, e acima de tudo a filosofia, podem e devem estudar a forma específica e a função dessa individualidade. Deve-se ter o entendimento preciso de que é necessário aplicar um corretivo permanente às pretensões da análise abstrata (linguística, por exemplo) ao esgotamento de um enunciado concreto. O estudo dos tipos e formas de relações dialógicas entre os enunciados e das suas formas tipológicas (fatores de enunciados). O estudo dos elementos extralinguísticos e ao mesmo tempo extrassemânticos (artísticos, científicos, etc.) do enunciado. Existe um campo inteiro entre a análise linguística e a pura análise do sentido; esse campo desapareceu para a ciência.

No âmbito de um mesmo enunciado a oração pode repetir-se (a repetição, a citação de si mesma, o involuntário), mas a cada vez ela é sempre uma nova parte do enunciado, pois mudou de lugar e de função na plenitude do enunciado.

O enunciado em sua plenitude é enformado como tal pelos elementos extralinguísticos (dialógicos), está ligado a ou-

O texto na linguística

tros enunciados. Esses elementos extralinguísticos (dialógicos) penetram o enunciado também por dentro.

As expressões generalizadas do falante na *língua* (pronomes pessoais, formas pessoais dos verbos, formas gramaticais e lexicais de expressão da modalidade e de expressão da relação do falante com o seu discurso) e o sujeito do discurso. O autor do enunciado.

Do ponto de vista dos objetivos extralinguísticos do enunciado, o conjunto linguístico é apenas um meio.

O autor e as formas da sua expressividade na obra. Em que medida é possível falar de "imagem" de autor?

Encontramos autor (percebemos, compreendemos, sentimos, temos a sensação dele) em qualquer obra de arte. Por exemplo, em uma obra de pintura sempre sentimos o seu autor (o pintor), contudo nunca o *vemos* da maneira como vemos as imagens por ele representadas. Nós o sentimos em tudo como um princípio representador puro (o sujeito representador) mas não como imagem representada (visível). Também no autorretrato não vemos, é claro, o autor que o representa mas tão somente a representação do pintor. Em termos rigorosos, a imagem de autor é um *contradictio in adjecto.* Em verdade, a chamada imagem de autor é uma imagem de tipo especial, diferente de outras imagens da obra, mas é uma *imagem* e esta tem o seu autor, que a criou. A imagem do narrador na narração na *pessoa do eu*, a imagem da personagem central nas obras autobiográficas (autobiografias, confissões, diários, memórias, etc.), o herói autobiográfico, o herói lírico, etc. Todos eles são mensurados e determinados por sua relação com o autor-homem (como objeto específico de representação), mas todos eles são imagens representadas que têm o seu autor, o portador do princípio puramente representativo. Podemos falar de autor *puro* para diferenciá-lo de autor parcialmente representado, mostrado, que integra a obra como parte dela.

O autor do enunciado mais comum, padronizado, cotidiano. Podemos criar a imagem de qualquer falante, perceber objetivamente qualquer palavra, qualquer discurso, mas essa imagem objetiva não entra na intenção e na tarefa do próprio falante, nem é criada por ele como autor do enunciado.

Isso não significa que não haja caminhos que levam do autor puro ao autor-homem; esses caminhos existem, evidentemente, e ainda mais na própria medula, no próprio âmago do homem, mas essa medula nunca pode vir a ser uma das imagens da própria obra. Tal autor está nela como um todo, e ademais em grau superior, mas nunca pode vir a ser parte componente figurada (objetal) da obra. Ele não é uma *natura creata*,[8] nem *natura naturata et creans*,[9] mas uma *natura creans et non creata*[10] pura.

Em que medida são possíveis na literatura palavras puras desprovidas de objeto, monovocais? Pode uma palavra, na qual o autor não ouve a voz do outro, na qual só existe *ele*, e *ele inteiro*, vir a ser material de construção de uma obra literária? Algum grau de objetificação não seria condição indispensável de qualquer estilo? Não estaria o autor sempre *fora* da língua como material para obra de arte? Não seria qualquer escritor (até o lírico puro) sempre "dramaturgo" no sentido de que ele distribui todas as palavras às vozes dos outros, inclusive à imagem de autor (a outras máscaras de autor)? É possível que toda palavra desprovida de objeto e monovocal seja ingênua e imprestável para uma criação autêntica. Toda voz autenticamente criadora sempre pode ser apenas uma *segunda* voz no discurso. Só a segunda voz — a *relação pura* — pode ser desprovida de objeto até o fim, sem abandonar a sombra substancial figurada. O escritor é aque-

---

[8] Natureza criada (em latim). (N. da E.)

[9] Natureza gerada e criadora (em latim). (N. da E.)

[10] Natureza criadora e não criada (em latim). (N. da E.)

O texto na linguística

le que sabe trabalhar na língua estando fora dela, aquele que tem o dom do falar indireto.

Exprimir a si mesmo significa fazer de si mesmo objeto para o outro e para si mesmo (a "realidade da consciência"). Este é o primeiro grau de objetivação. Mas também é possível exprimir minha relação comigo enquanto objeto (o segundo estágio da objetivação). Neste caso, minha própria palavra se torna provida de objeto e recebe uma segunda voz — a minha própria. Mas essa segunda voz já não lança sombra (de si mesma), porquanto exprime uma relação pura e toda a carne objetivadora, materializadora da palavra, foi cedida à primeira voz.

Exprimimos a nossa relação com aquele que falaria desse modo. No falar cotidiano isso se exprime na entonação leviana, zombeteira ou irônica (Kariénin em Tolstói),[11] uma entonação surpresa, que não compreende, interroga, duvida, confirma, rejeita, sente indignação, entusiasma-se, etc. Trata-se de um fenômeno de bivocalidade bastante primitivo e muito comum na comunicação discursiva da conversa do dia a dia, dos diálogos e discussões sobre temas científicos e outros temas ideológicos. É uma bivocalidade bastante grosseira e pouco generalizadora, amiúde francamente pessoal: são reproduzidas com reacentuação as palavras de um dos interlocutores presentes. Uma forma igualmente grosseira e pouco generalizadora são as diferentes variedades da estilização paródica. A voz do outro é limitada, passiva, e não tem profundidade nem eficácia (criadora, generalizadora) na relação mútua entre as vozes. Na literatura, é o caso das personagens positivas e negativas.

---

[11] "Pois é, como estás vendo, o marido carinhoso, carinhoso como no ano seguinte ao casamento, ardia de desejo de te ver, disse ele com sua voz vagarosa e fina e com aquele tom que quase sempre usava com ela, o tom da galhofa de quem efetivamente falava daquele jeito" (*Anna Kariênina*, parte 1, cap. XXX).

Em todas essas formas manifesta-se uma bivocalidade literal, pode-se dizer física.

A questão é mais complexa com a voz do autor no drama, onde ele parece não se realizar na voz.

[...][12]

Ver e compreender o autor de uma obra significa ver e compreender outra consciência, a consciência do outro e seu mundo, isto é, outro sujeito ("Du"). Na *explicação* existe apenas uma consciência, um sujeito: na *compreensão*, duas consciências, dois sujeitos. Não pode haver relação dialógica com o objeto, por isso a explicação é desprovida de elementos dialógicos (além do retórico-formal). Em certa medida, a compreensão é sempre dialógica.

Diferentes modalidades e formas de compreensão. A compreensão da linguagem dos sinais, ou seja, a compreensão (o domínio) de um determinado sistema de signos (por exemplo, de uma determinada língua). A compreensão de uma *obra* em uma língua já conhecida, isto é, já compreendida. A ausência prática de fronteiras acentuadas e as mudanças de uma modalidade de compreensão para outra.

Pode-se dizer que a compreensão de uma língua como sistema é desprovida de sujeito e carece inteiramente de elementos dialógicos? Em que medida se pode falar de sujeito da língua como sistema? Decodificação de uma língua desconhecida: a posição de eventuais falantes indefinidos, a construção de eventuais enunciados em dada língua.

A interpretação de uma obra em uma língua bem conhecida (ainda que seja a materna) sempre enriquece a nossa compreensão de tal língua como sistema.

---

[12] Foi aqui suprimido um trecho do original que consiste em duas páginas de citações de obras em alemão. (N. do T.)

O texto na linguística

Do sujeito da língua aos sujeitos de uma obra. Diferentes degraus intermediários. Os sujeitos dos estilos de linguagem (o burocrata, o comerciante, o cientista, etc.). As máscaras do autor (as imagens de autor) e o próprio autor.

A imagem socioestilística do funcionário pobre, do conselheiro titular (Diévuchkin,[13] por exemplo). Tal imagem, ainda que dada pelo método da autorrevelação, é dada como *ele* (terceira pessoa) e não como *tu*. Ela é objetificada e modelar. Ainda não existe uma autêntica relação dialógica com ela.

Aproximação dos meios de representação do objeto da representação como indício de realismo (autocaracterização, vozes, estilos sociais, não representação, mas citação das personagens como pessoas falantes).

Elementos objetais e puramente funcionais de qualquer estilo.

A compreensão do enunciado. Para a compreensão é ainda necessário, sobretudo, estabelecer limites essenciais e precisos do enunciado. A alternância dos sujeitos do discurso. A capacidade de definir a resposta. A responsividade de princípio de qualquer compreensão. *Kannitverstan.*[14]

Na pluralidade premeditada (consciente) de estilos, sempre há relações dialógicas entre eles.[15] Não podemos enten-

---

[13] Personagem central de *Gente pobre*, de Dostoiévski. (N. da E.)

[14] V. A. Jukóvski. Havia duas e mais uma (1831). A terceira era a transposição em versos de um conto em prosa de J. P. Hebel, "Kannitverstan"; é a história de um artesão alemão que, estando em Amsterdã, e sem saber o holandês, recebia para suas perguntas a mesma resposta: *Kannitverstan* ("Não consigo entendê-lo"), que ele interpretava como nome próprio, que em sua imaginação gerava a imagem fantástica de *Kannitverstan*. (N. da E.)

[15] O diálogo de estilos em uma obra conscientemente pluriestilística foi estudado por Bakhtin no exemplo de *Ievguêni Oniéguin*, de Púchkin (cf. *Questões de literatura e de estética*, cit., pp. 410-7). Em observações mais tardias, o autor procura separar sua concepção da multiplicidade de

der essas inter-relações em termos puramente linguísticos (ou até mecânicos).

Um inventário e uma definição puramente linguísticos (e ademais puramente descritivos) de diferentes estilos no âmbito de uma obra não podem revelar as suas inter-relações semânticas (nem mesmo as artísticas). É importante compreender o sentido total desse diálogo de estilos do ponto de vista do autor (não como imagem mas como funções). Quando se fala em aproximar os meios de representação do representado, subentende-se por representado o objeto e não o sujeito (o *tu*).

Representação da coisa e a representação do homem (falante por sua essência). O realismo coisifica frequentemente o homem, mas isso não é uma aproximação com este. O naturalismo, com sua tendência para a explicação causal dos atos e pensamentos do homem (de sua posição semântica no mundo), coisifica-o ainda mais. O enfoque "indutivo", que aparentemente é próprio do realismo, é, no fundo, uma explicação causal coisificante do homem. Aí, as vozes (no sentido de estilos sociais coisificados) se transformam simplesmente em indícios das coisas (ou sintomas de processos), a elas já não se pode responder, com elas já não se pode discutir, extinguem-se as relações dialógicas com tais vozes.

Os graus de objetificação e subjetificação das pessoas representadas (i.e., da índole dialógica da relação do autor com elas) diferem acentuadamente na literatura. Nesse sentido, a imagem de Diévuchkin difere essencialmente das imagens objetais dos funcionários públicos pobres em outros escritores. Ele também está polemicamente afiado contra essas imagens, nas quais não existe o *tu* autenticamente dialógico. Nos romances costumam aparecer discussões perfeitamente acabadas e resumidas do ponto de vista do autor (isso, evidente-

---

estilos em *Ievguêni Oniéguin* da metodologia de sua análise nos ensaios de Lotman. (N. da E.)

mente, quando aparecem discussões). Em Dostoiévski há estenogramas de uma discussão inacabada e inacabável. Contudo, todo romance geralmente é pleno de tonalidades dialógicas (nem sempre com as suas personagens, é claro). Depois de Dostoiévski, a polifonia cresce de forma imperiosa em toda a literatura universal.

Em relação ao homem, o amor, a compaixão, o enternecimento e quaisquer outras emoções sempre são dialógicas nesse ou naquele grau.

Na dialogicidade (i.e., na configuração de sujeito das suas personagens) Dostoiévski ultrapassa certo limite, mas a sua dialogicidade assume uma qualidade nova (superior).

A configuração objetal da imagem do homem não é mera materialidade. Pode-se amá-lo, ter compaixão dele, etc., e, o mais importante, pode-se (e deve-se) entendê-lo. Na literatura de ficção (como na arte em geral), há reflexo de subjetividade até nas coisas mortas (correlacionadas com o homem).

O discurso concebido em termos de objeto (e o discurso objetal requer necessariamente compreensão — caso contrário não seria discurso —, mas nessa compreensão o elemento dialógico é atenuado) pode ser incluído na cadeia causal da explicação. O discurso desprovido de objeto (centrado meramente no sentido, funcional) permanece no diálogo concreto inacabado (por exemplo, a investigação científica).

Comparação dos enunciados — provas em física.

O texto como reflexo subjetivo do mundo objetivo, o texto como expressão da consciência que reflete algo. Quando o texto se torna objeto do nosso conhecimento podemos falar de reflexo do reflexo. A interpretação de um texto sempre é um correto reflexo do reflexo. Um reflexo através do outro no sentido do objeto refletido.

Nenhum fenômeno da natureza tem "significado", só os signos (inclusive as palavras) têm significado. Por isso, qualquer estudo dos signos, seja qual for o sentido em que tenha avançado, começa obrigatoriamente pela compreensão.

O texto é o dado (realidade) primário e o ponto de partida de qualquer disciplina nas ciências humanas. Um conglomerado de conhecimentos e métodos heterogêneos chamado filologia, linguística, investigação literária, metaciência, etc. Partindo do texto, eles perambulam em diferentes direções, agarram pedaços heterogêneos da natureza, da vida social, do psiquismo, da história, e os unificam por vínculos ora causais, ora de sentido, misturam constatações com juízos de valor. Da alusão ao objeto real é necessário passar a uma delimitação precisa dos objetos da investigação científica. O objeto real é o homem social (inserido na sociedade), que fala e exprime a si mesmo por outros meios. Pode-se encontrar para ele e para a sua vida (o seu trabalho, a sua luta, etc.) algum outro enfoque além daquele que passa pelos textos de signos criados ou a serem criados por ele? Pode-se observá-lo e estudá-lo como fenômeno da natureza, como coisa? A ação física do homem deve ser interpretada como atitude mas não se pode interpretar a atitude fora da sua eventual (criada por nós) expressão semiótica (motivos, objetivos, estímulos, graus de assimilação, etc.). É como se obrigássemos o homem a falar (nós construímos os seus importantes depoimentos, explicações, confissões, desenvolvemos integralmente o seu discurso interior eventual ou efetivo, etc.). Por toda parte há o texto real ou eventual e a sua interpretação. A investigação se torna interrogação e conversa, isto é, diálogo. Nós não perguntamos à natureza e ela não nos responde. Nós colocamos as perguntas para nós mesmos e de certo modo organizamos a observação ou a experiência para obtermos a resposta. Quando estudamos o homem, procuramos e encontramos signos em toda parte e nos empenhamos em interpretar o seu significado.

Estamos interessados primordialmente nas formas concretas dos textos e nas condições concretas da vida dos textos, na sua inter-relação e interação.

As relações dialógicas entre os enunciados, que atraves-

O texto na linguística

sam por dentro também enunciados isolados, pertencem à metalinguística. Difere radicalmente de todas as eventuais relações linguísticas dos elementos tanto no sistema da língua quanto em um enunciado isolado.

A índole metalinguista do enunciado (da produção do discurso).

As relações de sentido dentro de um enunciado (ainda que seja infinito, por exemplo, no sistema da ciência) são de índole lógico-objetiva (no amplo sentido dessa palavra), no entanto as relações de sentido entre os diferentes enunciados assumem índole dialógica (ou, em todo caso, matiz dialógico). Os sentidos estão divididos entre vozes diferentes. A importância excepcional da voz, do indivíduo.

Os elementos linguísticos são neutros em face da divisão em enunciados, movem-se livremente ignorando as fronteiras do enunciado, ignorando (sem respeitar) a soberania das vozes.

O que determina as fronteiras inabaláveis do enunciado? As forças metalinguísticas.

Os enunciados extraliterários e as suas fronteiras (réplicas, cartas, diários, discurso interior, etc.) transferidos para a obra literária (por exemplo, para o romance). Aqui se modifica o seu sentido total. Sobre eles recaem os reflexos de outras vozes e neles entra a voz do próprio autor.

Dois enunciados alheios confrontados, que nada sabem um do outro, se querem tocar, ainda que de leve, o mesmo tema (pensamento), entram inevitavelmente em relações dialógicas entre si. Eles se tocam no território do tema comum, do pensamento comum.

A epigrafia. Uma questão dos gêneros dos escritos mais antigos. O autor e o destinatário dos escritos. Os chavões obrigatórios. Os epitáfios nos túmulos ("Alegra-te!"). O apelo do morto ao vivo que passa ao lado. As formas padronizadas obrigatórias das evocações nominais, dos exorcismos, das rezas, etc. As formas dos encômios e dos enaltecimentos.

As formas do vitupério e da ofensa (ritual). O problema da relação da palavra com o pensamento e da palavra com o desejo, com a vontade, com a exigência. As concepções mágicas da palavra. A palavra como ato. A reviravolta na história da palavra quando ela se torna expressão e pura (sem ato) informação (comunicação). A sensação de si mesmo e do outro na palavra. O nascimento tardio da consciência do autor.

O autor de uma obra literária (romance) cria uma obra (enunciado) discursiva única e integral. Mas ele a cria a partir de enunciados heterogêneos, como que alheios. Até o discurso direto do autor é cheio de palavras conscientizadas dos outros. O falar indireto, a relação com a sua própria linguagem como uma das linguagens possíveis (e não como a única linguagem possível e incondicional).

As personagens acabadas ou "fechadas" na pintura (inclusive no retrato). Elas apresentam um homem definitivo, que já está todo ali e não pode vir a ser outro. Os rostos das pessoas que já disseram tudo, que já morreram [ou] é como se tivessem morrido. O pintor concentra a atenção nos traços que concluem, determinam, fecham. Nós vimos o homem inteiro e não esperamos mais nada (nem outra coisa). Ele não pode renascer, renovar-se, sofrer uma metamorfose — é a sua fase conclusiva (a última e definitiva).

A relação do autor com o representado sempre faz parte da composição da imagem. A relação do autor é um elemento constitutivo da imagem. Essa relação é sumamente complexa. É inadmissível reduzi-la a uma avaliação linear. Tais avaliações lineares destroem a imagem artística. Elas não existem nem na boa sátira (em Gógol e Schedrin). Ver pela primeira vez, tomar consciência de algo pela primeira vez já significa entrar em relação com esse algo: ele já não existe em si nem para si, mas para o outro (já são duas consciências correlacionadas). A interpretação já é um importante momento (a interpretação nunca é uma tautologia ou uma dublagem, pois aí há sempre dois e um potencial terceiro). O estado do não ouvido e do não compreendido (cf. T. Mann). "Não sei", "foi assim que aconteceu, aliás, o que é que eu tenho a ver com isso?" — são relações importantes. A destruição das avaliações que se fundiram com o objeto e das relações em geral cria uma nova relação. Um tipo especial de relações valorativo-emocionais. Sua diversidade e complexidade.

Não se pode separar o autor das imagens e personagens, uma vez que ele integra a composição dessas imagens como parte inalienável (as imagens são biunívocas e às vezes bivocais). Entretanto, a *imagem* de autor pode ser separada das imagens das personagens; mas essa própria imagem foi criada pelo autor e é igualmente biunívoca. Frequentemente, em vez das imagens das personagens, tem-se em vista pessoas aparentemente vivas.

Os diferentes planos do sentido, nos quais estão os discursos das personagens e o discurso do autor. As personagens falam como participantes da vida representada, falam, por assim dizer, de posições privadas, de uma forma ou de outra os seus pontos de vista são limitados (elas sabem menos que o autor). O autor está fora do mundo representado (e em certo sentido criado por ele). Ele apreende todo esse mundo a partir de outras posições qualitativamente distintas. Por último, todas as personagens e seus discursos são objetos da relação do autor (e do discurso do autor). Entretanto, os planos dos discursos das personagens e do discurso do autor podem cruzar-se, isto é, entre eles são possíveis relações dialógicas. Em Dostoiévski, cujas personagens são ideólogas, o autor e tais personagens (pensadores e ideólogos) estão no mesmo plano. São substancialmente diversos os contextos dialógicos e situações de discurso das personagens e do discurso do autor. Os discursos das personagens participam dos diálogos representados no interior da obra e não entram diretamente no diálogo ideológico real da atualidade, isto é, na comunicação discursiva real da qual a obra participa e na qual se assimila em sua plenitude (elas participam desse diálogo apenas como elementos dessa plenitude). Por outro lado, o autor toma posição precisamente nesse diálogo real e é determinado pela situação real da atualidade. À diferença do autor real, a imagem de autor por ele criada carece de participação imediata no diálogo real (participa deste apenas através do conjunto da obra), entretanto ela pode participar do enredo da obra e intervir no diálogo representado com as personagens (a conversa do "autor" com Oniéguin). O discurso do autor que representa (do autor real), se tal discurso existe, é um discurso de tipo essencialmente diverso, que não pode estar no mesmo plano com o discurso das personagens. É justo esse discurso que determina a última unidade da obra e a sua última instância do sentido, a sua, por assim dizer, última palavra.

As imagens de autor e as imagens das personagens são determinadas, segundo a concepção de V. V. Vinográdov, por linguagens-estilos, as diferenças entre elas se resumem a diferenças entre linguagens e estilos, isto é, a diferenças meramente linguísticas. Vinográdov não revela as *relações mútuas extralinguísticas* entre elas. Entretanto, essas imagens (linguagens-estilos) não estão lado a lado na obra como dados linguísticos, aí elas entram em complexas e dinâmicas relações semânticas de tipo especial. Esse tipo de relações pode ser definido como relações dialógicas. As *relações dialógicas* são de índole específica: não podem ser reduzidas a relações meramente lógicas (ainda que dialéticas) nem a meramente linguísticas (sintático-composicionais). Elas só são possíveis entre enunciados integrais de diferentes sujeitos do discurso (o diálogo consigo mesmo é secundário e representado na maioria dos casos). Aqui não nos referimos à origem do termo "diálogo" (cf. em Hirzel).[16]

---

[16] R. Hirzel, *Der dialog: ein literaturhistorische Versuch*, tomos 1-2, Leipzig, 1895. (N. da E.)

Onde não há palavra não há linguagem e não pode haver relações dialógicas, estas não podem existir entre objetos ou entre grandezas lógicas (conceitos, juízos, etc.). As relações dialógicas pressupõem linguagem, no entanto elas não existem no sistema da língua. Não são possíveis entre os elementos da língua. A especificidade das relações dialógicas requer um estudo especial.

A concepção estreita do diálogo como uma das formas composicionais do discurso (o discurso dialógico e o discurso monológico). Pode-se dizer que cada réplica é monológica em si (um diálogo mínimo), e cada monólogo é a réplica de um grande diálogo (da comunicação discursiva de um dado campo). O monólogo como discurso que não se dirige a ninguém e não pressupõe resposta. São possíveis variados graus monológicos.

As relações dialógicas são relações (de sentidos) entre toda espécie de enunciados na comunicação discursiva. Dois enunciados, quaisquer que sejam, se confrontados no plano do sentido (não como objetos e não como exemplos linguísticos), acabam em relação dialógica. Mas essa é uma forma especial de dialogismo não intencional (por exemplo, a seleção de diferentes enunciados de cientistas vários ou sábios de diferentes épocas sobre uma questão).

"Fome, frio!" é um enunciado de um sujeito do discurso. "Fome!" — "Frio!" são dois enunciados confrontados de dois diferentes sujeitos; aí surgem relações dialógicas que não havia no primeiro exemplo. O mesmo ocorre com duas orações desenvolvidas (pensar um exemplo convincente).

Quando o enunciado é tomado para fins de análise linguística, sua natureza dialógica é repensada, é tomada no sistema da língua (como sua realização) e não no grande diálogo da comunicação discursiva.

É imensa e até hoje não estudada a variedade de gêneros do discurso: das esferas impublicáveis do discurso interior às obras de arte e aos tratados científicos. A diversidade de gêneros de rua (cf. Rabelais), de gêneros íntimos, etc. Em diferentes épocas e em diferentes gêneros dá-se a formação da linguagem.

A língua, a palavra são quase tudo na vida humana. Contudo, não se deve pensar que essa realidade sumamente multifacetada que tudo abrange possa ser objeto apenas de uma ciência — a linguística — e ser interpretada apenas por métodos linguísticos. O objeto da linguística é apenas o material, apenas o meio de comunicação discursiva mas não a própria comunicação discursiva, não o enunciado de verdade, nem as relações entre eles (dialógicas), nem as formas da comunicação, nem os gêneros do discurso.

A linguística estuda apenas as relações entre os elementos no interior do sistema da língua, mas não as relações entre os enunciados, nem as relações dos enunciados com a realidade e com a pessoa falante (o autor).

No tocante aos enunciados reais e aos falantes reais, o sistema da língua é de índole meramente potencial. E o significado da palavra, uma vez que é estudado por via linguística (a semasiologia linguística), só é definido com o auxílio de outras palavras da mesma língua (ou de outra língua) e nas suas relações com elas; só no enunciado e através do enunciado tal significado chega à relação com o conceito ou imagem artística ou com a realidade concreta. Assim é a palavra como objeto da linguística (e não a palavra real como enunciado concreto ou parte deste, como parte e não meio). [...][17]

Começar pela produção do discurso como realidade primeira da vida do discurso. Da réplica do cotidiano ao romance de muitos tomos ou a um tratado de ciência. A interação

---

[17] No original o ensaio se encerra nesse parágrafo. Nesse ponto se inicia outro texto, intitulado "1961 god. zametki" ("Apontamentos de 1961"), que complementa o primeiro. (N. do T.)

entre as produções do discurso nos diferentes campos do processo do discurso. O "processo literário", a luta de opiniões na ciência, a luta ideológica, etc. Duas obras discursivas, enunciados, enunciados confrontados entre si, entram em um tipo especial de relações embasadas em sentidos que chamamos dialógicas. São de natureza específica. Os elementos da língua dentro do sistema da língua ou dentro do "texto" (no sentido rigorosamente linguístico) não podem entrar em relações dialógicas. As línguas, dialetos (territoriais, sociais, gírias), estilos de linguagem (funcionais), digamos, o discurso familiar do cotidiano e a linguagem científica, podem entrar em tais relações dialógicas, isto é, conversar entre si? Só sob a condição de passarem por um enfoque não linguístico dos mesmos, isto é, de serem transformados em "visões de mundo" (ou em certas visões de mundo centradas na linguagem ou no discurso), em "pontos de vista", em "vozes sociais", etc. O artista efetua essa transformação ao criar enunciados típicos ou característicos de personagens típicas (ainda que não concretizadas nem nomeadas definitivamente), tal transformação (em um plano um tanto diferente) é realizada pela linguística estética (a escola de Vossler e parece que particularmente pelo último trabalho de L. Spitzer).[18] Sob semelhantes transformações a linguagem ganha um peculiar "autor", um sujeito do discurso, um portador coletivo (um povo, uma nação, um grupo social, etc.). Tal transformação sempre *vai além dos limites da linguística* (na sua concepção rigorosa e exata). São lícitas tais transformações? Sim, são lícitas, mas apenas em condições rigorosamente definidas (por exemplo, na literatura, onde, sobretudo no romance, encontramos com frequência diálogos de "línguas" e estilos de línguas) e numa

---

[18] É possível que se tenha em vista o livro de Spitzer, *Romanische Literaturstudien, 1936-1956*, Tübingen, 1959. (N. da E.)

assimilação metodológica rigorosa e clara. Tais transformações são inadmissíveis quando, por um lado, se declara que a língua é extraideológica como sistema linguístico (e extrapessoal) e, por outro, quando se introduz por contrabando uma caracterização sócio-ideológica das linguagens e estilos (o que acontece particularmente em Vinográdov). Essa questão é muito complexa e interessante (por exemplo, em que medida se pode falar de sujeito da língua ou sujeito do discurso de um estilo de linguagem, ou da imagem do cientista que está por trás de um trabalho científico, ou da imagem de um homem de negócios, que está por trás da linguagem dos negócios, ou da imagem do burocrata, que está por trás da linguagem burocrática, etc.).

É original a natureza das relações dialógicas. A questão do dialogismo interior. O limiar das fronteiras entre os enunciados. A palavra bivocal. A compreensão como diálogo. Aqui chegamos ao extremo da filosofia da linguagem e do pensamento das ciências humanas em geral, às terras virgens. Nova colocação do problema da autoria (do indivíduo criador).

O *dado* e o *criado* no enunciado verbalizado. O enunciado nunca é apenas um reflexo, uma expressão de algo já existente fora dele, dado e acabado. Ele sempre cria algo que não existia antes dele, absolutamente novo e singular e que, ademais, tem relação com o valor (com a verdade, com a bondade, com a beleza, etc.). Contudo, alguma coisa criada é sempre criada a partir de algo dado (a linguagem, o fenômeno observado da realidade, um sentimento vivenciado, o próprio sujeito falante, o acabado em sua visão de mundo, etc.). O dado inteiro se transforma em criado. Veja-se uma análise do mais simples diálogo cotidiano ("Que horas são?" — "Sete horas"). A situação da pergunta é mais complexa. Precisa-se olhar para o relógio. A resposta pode ser verdadeira ou não, pode ter significado, etc. "Em que fuso horário?"; é a mesma pergunta feita no espaço cósmico, etc.

O texto na linguística

As palavras e formas como abreviaturas ou representantes do enunciado, de uma visão de mundo, de um ponto de vista, etc., reais ou possíveis.

O monologismo do pensamento nas ciências humanas: o linguista se habituou a perceber tudo em um contexto fechado único (no sistema da língua ou no texto interpretado em termos linguísticos, não correlacionado dialogicamente com o outro, com o texto não responsivo) e como linguista ele, evidentemente, está com a razão. O dialogismo do nosso pensamento sobre obras, teorias, enunciados, em geral, do nosso pensamento sobre os homens.

Por que se aceita o discurso não propriamente direto, mas não se aceita a sua interpretação como palavra bivocal?

Estudar no *dado* criado (por exemplo, a língua, os elementos acabados e gerais da visão de mundo, dos fenômenos refletidos da realidade, etc.) é bem mais fácil que estudar o próprio *criado*. Frequentemente, toda a análise científica se reduz à revelação de um dado inteiro, já presente e pronto antes da obra (o que foi encontrado de antemão e não criado pelo artista). É como se o dado inteiro fosse recriado no interior daquilo que fora criado, se transformasse nele. A redução ao que foi dado e preparado de antemão. O objeto pronto, os meios linguísticos prontos para sua expressão, o próprio artista pronto, sua visão de mundo pronta. E eis que por meio de recursos prontos, à luz de uma visão de mundo pronta, o poeta reflete o objeto pronto. Em realidade, também se cria o objeto no processo de criação, criam-se o próprio poeta, a sua visão de mundo, os meios de expressão.

A palavra usada entre aspas, isto é, sentida e empregada como palavra do outro, e a mesma palavra (como alguma palavra do outro) sem aspas. As gradações infinitas no nível de alteridade (ou assimilação) entre as palavras, as suas várias posições de independência em relação ao falante. As palavras distribuídas em diferentes planos e em diferentes distâncias em face do plano da palavra do autor.

Não só o discurso propriamente direto mas as diferentes formas de discurso latente, semilatente, difuso, etc., do outro.[19] Tudo isso fica fora do emprego.

Quando nas linguagens, gírias e estilos começam a se fazer ouvir as vozes, essas deixam de ser meios exponenciais de expressão e se tornam expressão do momento, realizada; a voz entrou nelas e passou a dominá-las. Elas estão chamadas a desempenhar o seu papel único e singular na comunicação discursiva (criadora).

A interpretação recíproca de linguagens e estilos. A relação com o *objeto* e a relação com o *sentido* personificado na palavra ou em algum outro material estruturado em signos. A relação com a coisa (em sua materialidade pura) não pode ser dialógica (isto é, não pode ser uma conversa, discussão, acordo, etc.). A relação com o sentido é sempre dialógica. A própria compreensão já é dialógica.

A *coisificação* do sentido para incluí-lo numa série causal.

A compreensão estreita do dialogismo como discussão, polêmica, paródia. Estas são formas externas mais evidentes porém grosseiras de dialogismo. A confiança na palavra do outro, a aceitação reverente (a palavra de autoridade), o aprendizado, as buscas e a obrigação do sentido abissal, a *concordância*, suas eternas fronteiras e matizes (mas não limitações lógicas nem ressalvas meramente objetais), sobreposições do sentido sobre o sentido, da voz sobre a voz, intensificação pela fusão (mas não identificação), combinação de muitas vozes (um corredor de vozes), a compreensão que

[19] As variadas formas de transmissão do discurso do outro em construções da língua russa — do discurso direto *antecipado*, *difuso*, *simulado*, *coisificado*, substituído, por último, do discurso *não propriamente direto* (ao qual foi dedicado um grande capítulo isolado) — foram descritas minuciosamente pelo autor ainda nos anos 1920 em *Marxismo e filosofia da linguagem* (pp. 109-57). (N. da E.)

completa, a saída para além dos limites do compreensível, etc. Essas relações específicas não podem ser reduzidas nem a relações meramente lógicas nem a meramente objetais. Aqui se encontram posições *integrais*, pessoas integrais (o indivíduo não exige uma revelação intensiva, ela pode manifestar-se em um som único, em uma palavra única), encontram-se precisamente *vozes*.

A palavra (em geral qualquer signo) é interindividual. Tudo o que é dito, o que é expresso se encontra fora da "alma" do falante, não pertence só a ele. A palavra não pode ser entregue apenas ao falante. O autor (falante) tem os seus direitos inalienáveis sobre a palavra, mas o ouvinte também tem os seus direitos, têm também os seus direitos aqueles cujas vozes estão na palavra encontrada de antemão pelo autor (porque não há palavra sem dono). A palavra é um drama no qual participam três personagens (não é um dueto, mas um trio). Ele é representado fora do autor e é inadmissível que seja introjetado (introjeção) no autor.

Se não esperamos nada da palavra, se sabemos de antemão tudo o que ela pode dizer, ela sai do diálogo e se coisifica.

A auto-objetivação (na lírica, na confissão, etc.) como autoalienação e em certa medida como superação. Ao me objetivar (isto é, ao me colocar para fora de mim mesmo) ganho a possibilidade de uma relação autenticamente dialógica comigo mesmo.

Só o enunciado tem relação *imediata* com a realidade e com a pessoa viva falante (o sujeito). Na língua existem apenas as possibilidades potenciais (esquemas) dessas relações (formas pronominais, temporais, modais, recursos lexicais, etc.). Contudo, o enunciado não é determinado por sua relação apenas com o objeto e com o sujeito-autor falante (e por sua relação com a linguagem enquanto sistema de possibilidades potenciais, enquanto dado), mas — e isso é o que mais importa para nós — de forma imediata com outros enunciados no âmbito de um dado campo da comunicação. Fora dessa relação ele não existe *em termos reais* (apenas como *texto*). Só o enunciado pode ser verdadeiro (ou não verdadeiro), correto (ou falso), belo, justo, etc.

A compreensão da língua e a compreensão do enunciado (que envolve *responsividade* e, por conseguinte, juízo de valor).

Não estamos interessados no aspecto psicológico da relação com os enunciados (e interpretações) dos outros mas com seu reflexo na estrutura do próprio enunciado.

Em que medida as definições linguísticas (puras) da língua e de seus elementos podem ser empregadas na análise artístico-estilística? Elas podem servir apenas de termos iniciais para a descrição. Entretanto, elas não descrevem o mais importante: isto vai além dos seus limites. Porque aí não se trata de elementos (unidades) do sistema da língua, porém de elementos do enunciado.

O enunciado como uma totalidade de *sentidos*.

A relação com os enunciados dos outros não pode ser separada da relação com o objeto (porque sobre ele discutem, sobre ele concordam, nele as pessoas se tocam) nem da relação com o próprio falante. Trata-se de uma tríade viva. Mas até hoje não tem sido hábito levar em conta o terceiro elemento. Contudo, mesmo onde ele tem sido levado em conta (na análise do processo literário, da publicística, da polêmica, da luta entre opiniões científicas), a natureza específica das relações com outros enunciados enquanto enunciados, isto é, enquanto totalidades de sentidos, não tem sido estudada nem revelada (elas têm sido interpretadas de forma abstrata, lógico-objetiva ou psicológica, ou até mecanicamente causal). Não foi compreendida a natureza específica e dialógica da inter-relação das totalidades semânticas, das posições semânticas, isto é, dos enunciados.

O experimentador compõe uma parte do sistema experimental (na microfísica). Pode-se dizer que o interpretador é parte do enunciado a ser interpretado, do texto (ou melhor, dos enunciados, do diálogo entre estes, entra nele como um novo participante). O encontro dialógico de duas consciências nas ciências humanas. A molduragem do enunciado do outro pelo contexto dialógico. Até quando damos uma explicação causal do enunciado do outro nós o estamos rejeitando. A coisificação dos enunciados dos outros é o modo específico (falso) de rejeitá-los. Se entendermos o enunciado como uma reação mecânica e o diálogo como uma cadeia de reações (na linguística descritiva ou entre os behavioristas), então a tal compreensão estão sujeitos igualmente tanto os enunciados verdadeiros quanto os falsos, tanto as obras geniais quanto as desprovidas de talento (a diferença está apenas nos efeitos mecanicamente entendidos, na utilidade, etc.). Esse ponto de vista, relativamente lícito, assim como o ponto de vista puramente linguístico (a despeito de toda a diferença entre eles), não afeta a essência do enunciado enquanto conjunto de sentidos, como ponto de vista semântico e posição semântica, etc. Todo enunciado pretende a justiça, a veracidade, a beleza e a verdade (o enunciado figurado), etc. Esses valores dos enunciados também não são determinados por sua relação com a língua (como sistema puramente linguístico), mas por diferentes formas de relação com a realidade, com o sujeito falante e com outros (alheios) enunciados (particularmente com aqueles que são avaliados como verdadeiros, belos, etc.).

A linguística opera com texto, mas não com obra. O que ela diz sobre a obra é trazido de fora por contrabando e não decorre de análise puramente linguística. É claro que essa própria linguística também costuma ter, desde o início, natureza conglomerada e ser saturada de elementos extralinguísticos. Simplificando um pouco a questão: as relações puramente linguísticas (isto é, o objeto da linguística) são relações do signo com o signo, e com os signos no âmbito do sistema da língua ou do texto (isto é, as relações sistêmicas ou lineares entre os signos). As relações dos enunciados com a realidade concreta, com o sujeito real falante e com outros enunciados, relações que pela primeira vez tornam os enunciados verdadeiros ou falsos, belos, etc., nunca podem vir a ser objeto da linguística. Signos particulares, os sistemas da língua ou o texto (como unidade semiótica) às vezes não podem ser nem verdadeiros, nem falsos, nem belos.

Cada conjunto verbalizado grande e criativo é um sistema de relações muito complexo e multiplanar. Na relação criadora com a língua não existem palavras sem voz, palavras de ninguém. Em cada palavra há vozes às vezes infinitamente distantes, anônimas, quase impessoais (as vozes dos matizes lexicais, dos estilos, etc.), quase imperceptíveis, e vozes próximas, que soam concomitantemente.

Toda observação viva, competente e imparcial, feita de qualquer posição e de qualquer ponto de vista, sempre conserva o seu valor e o seu significado. A unilateralidade e as limitações do ponto de vista (da posição do observador) sempre podem ser corrigidas, completadas e transformadas (enumeradas) com o auxílio das mesmas observações levadas a cabo de outros pontos de vista. Os pontos de vista pobres (sem observadores vivos e novos) são estéreis.

É famoso o aforismo de Púchkin sobre o léxico e os livros.[20]

Relações dialógicas. Essas relações são profundamente originais e não podem se reduzir a relações lógicas, ou linguísticas, ou psicológicas, ou mecânicas ou a quaisquer outras relações naturais. É o novo tipo de relações *semânticas*,

---

[20] Do artigo de Púchkin, "Sobre as obrigações do homem", obra de Silvio Pellico (1836): "A razão é inesgotável em função dos conceitos assim como a língua é inesgotável na fusão das palavras. Todas as palavras estão no léxico; mas os livros que a cada instante aparecem não são uma repetição do léxico". A. S. Púchkin, *Obras completas em 10 volumes*, tomo VII, Moscou-Leningrado, 1964, p. 472. (N. da E.)

cujos membros só podem ser *enunciados integrais* (ou vistos como integrais ou potencialmente integrais), atrás dos quais estão (e nos quais *exprimem* a si mesmos) sujeitos do discurso reais ou potenciais, autores de tais enunciados. O diálogo real (a conversa do cotidiano, a discussão científica, a discussão política, etc.). A relação entre as réplicas de tal diálogo são o tipo mais externamente notório e simples de relações dialógicas. Contudo, as relações dialógicas jamais coincidem com as relações entre as réplicas do diálogo real, são bem mais amplas, diversificadas e complexas. Dois enunciados distantes um do outro, tanto no tempo quanto no espaço, que nada sabem um sobre o outro, no confronto dos sentidos revelam relações dialógicas, se entre eles há ao menos alguma convergência de sentidos (ainda que seja uma identidade particular do tema, do ponto de vista, etc.). Qualquer resenha da história de alguma questão científica (independente ou incluída no trabalho científico sobre uma determinada questão) realiza confrontos dialógicos (entre enunciados, opiniões, pontos de vista), entre enunciados de cientistas que não sabiam e nem podiam saber nada uns sobre os outros. O aspecto comum da questão gera aqui relações dialógicas. Na literatura de ficção, os "diálogos dos mortos" (em Luciano, no século XVII), em conformidade com a especificidade literária, apresenta uma situação fictícia de encontro no reino dos mortos. Um exemplo oposto é a situação do diálogo de dois surdos, amplamente empregada no gênero cômico, não se pode compreender o contato dialógico real mas não existe entre as réplicas nenhum contato centrado nos sentidos (ou contato imaginado). As relações dialógicas são nulas. Aqui se revela o ponto de vista do "terceiro" no diálogo (que não participa do diálogo mas o *entende*). A compreensão do enunciado pleno é sempre dialógica.

Por outro lado, não se pode interpretar as relações dialógicas em termos simplificados e unilaterais, reduzindo-as a uma contradição, luta, discussão, desacordo. A *concordân-*

cia é uma das formas mais importantes de relações dialógicas. A concordância é muito rica em variedades e matizes. Dois enunciados idênticos em todos os sentidos ("Clima maravilhoso!" — "Clima maravilhoso!"), se realmente são *dois* enunciados pertencentes a *diferentes* vozes e não um só enunciado, estão ligados por uma *relação dialógica de concordância*. Trata-se de um determinado acontecimento dialógico nas relações mútuas entre os dois, e não de um eco. Porque também poderia não haver concordância ("Não, o clima não está muito bom", etc.).

Desse modo, as relações dialógicas são bem mais amplas que o discurso dialógico no sentido restrito. Entre obras discursivas profundamente monológicas sempre estão presentes relações dialógicas.

Entre as unidades da língua, independentemente de como as interpretemos e do nível da estrutura linguística em que as tomemos, não pode haver relações dialógicas (fonemas, morfemas, lexemas, orações, etc.). O enunciado (enquanto plenitude do discurso) não pode ser reconhecido como unidade do nível último e superior ou como um andar da estrutura da língua (situado sobre a sintaxe), uma vez que ele faz parte de um mundo de relações inteiramente diversas (dialógicas), não confrontáveis com relações linguísticas de outros níveis. (Em certo plano, é possível apenas o confronto de um enunciado pleno com a *palavra*.) O enunciado pleno já não é uma unidade da língua (nem uma unidade do "fluxo da língua" ou "cadeia da fala"), mas uma unidade da comunicação discursiva, que não tem significado, mas *sentido*. (Isto é, um sentido pleno, relacionado com o valor — com a verdade, a beleza, etc. — e que requer uma compreensão *responsiva* que inclua em si o juízo de valor.) A compreensão responsiva do conjunto discursivo é sempre de índole dialógica.

A compreensão dos enunciados integrais e das relações dialógicas entre eles é de índole inevitavelmente dialógica (inclusive a compreensão do pesquisador de ciências humanas); o entendedor (e também o pesquisador) se torna participante do diálogo ainda que seja em um nível especial (em função da tendência da interpretação e da pesquisa). Uma analogia com a inclusão do experimentador no sistema experimental (como parte dele) ou do observador no mundo observável da microfísica (a teoria quântica). Um observador não tem posição *fora* do mundo observado, e sua observação integra, como componente, o objeto observado. Isto se refere inteiramente aos enunciados plenos e às relações entre eles. Eles não podem ser entendidos de fora. A própria compreensão integra o sistema dialógico como elemento dialógico e de certo modo lhe modifica o sentido total. O entendedor se torna inevitavelmente um *terceiro* no diálogo (é claro que não no sentido literal, aritmético, uma vez que, além do terceiro, pode haver um número ilimitado de participantes do diálogo a ser compreendido), entretanto a posição dialógica desse terceiro é uma posição absolutamente específica. Todo enunciado tem sempre um destinatário (de índole variada, graus variados de proximidade, de concretude, de compreensibilidade, etc.), cuja compreensão responsiva o autor da obra discursiva procura e antecipa. Ele é o segundo (mais uma vez não em sentido aritmético). Contudo, além desse destinatário (segundo), o autor do enunciado propõe, com maior ou menor consciência, um supradestinatário superior (o terceiro), cuja compreensão responsiva absolutamente justa ele pressupõe quer na distância metafísica, quer no distante tempo histórico. "Um destinatário como escapatória." Em diferentes épocas e sob diferentes concepções de mundo, esse supradestinatário e sua compreensão responsiva idealmente verdadeira ganha diferentes expressões ideológicas concretas (Deus, a verdade absoluta, o julgamento da consciência humana imparcial, o povo, o julgamento da história, etc.). O autor nunca pode deixar que ele mesmo nem o conjunto de sua obra discursiva fiquem inteiramente à mercê plena e *definitiva* dos destinatários presentes ou próximos (porque até os descendentes mais próximos podem equivocar-se), e sempre pressupõe (com maior ou menos consciência) alguma instância superior de compreensão responsiva que possa se deslocar em diferentes sentidos. Cada diálogo ocorre como que no fundo de uma compreensão responsiva de um terceiro invisivelmente presente, situado acima de todos os participantes do diálogo (parceiros). (Cf. a compreensão da prisão fascista ou do inferno em T. Mann como a *inaudibilidade* absoluta, como a ausência absoluta do *terceiro*.)[21]

O referido terceiro não é algo místico ou metafísico (ainda que em determinada concepção de mundo possa adquirir semelhante expressão), é o elemento constitutivo do enunciado total, que numa análise mais profunda pode ser nele descoberto. Isso decorre da natureza da palavra, que sempre quer ser *ouvida*, sempre procura uma compreensão responsiva e não se detém na compreensão *imediata*, mas abre caminho sempre mais e mais à frente (de forma ilimitada). Para a palavra (e consequentemente para o homem) não existe nada mais terrível que a *irresponsividade*. Nem a palavra deliberadamente falsa é absolutamente falsa e sempre pressupõe uma instância que a compreende e a justifica, ainda que seja na forma *"no meu lugar* qualquer um mentiria".

K. Marx dizia que só uma ideia enunciada em palavra se torna pensamento real para o outro e só assim para mim mesmo.[22] Esse outro, porém, não é apenas o outro imediato

---

[21] Thomas Mann, *Doutor Fausto*, cap. XXV. *Obras completas em dez volumes*, tomo V, Moscou, 1960, pp. 319-20. Na conversa com Adrian Leverkun, o diabo descreve o inferno como "uma adega profunda, impermeável ao som, escondida dos ouvidos de Deus". Ao comentá-la em sua *História do Doutor Fausto*, Thomas Mann disse que ela seria "impossível sem se vivenciar na alma todos os horrores da prisão da Gestapo" (*op. cit.*, pp. 9, 274). (N. da E.)

[22] Cf. Marx e Engels, *Obras completas*, tomo 3, p. 29. (N. da E.)

O texto na linguística

(o destinatário segundo), a palavra avança cada vez mais à procura da compreensão responsiva.

A audibilidade como tal já é uma relação dialógica. A palavra quer ser ouvida, entendida, respondida e mais uma vez responder à resposta, e assim *ad infinitum*. Ela entra no diálogo, cujo sentido é infindo (mas que pode ser fisicamente interrompido para esse ou aquele participante). Isto, é claro, em nenhuma medida debilita as intenções puramente objetivas e investigatórias da palavra, a sua capacidade de concentrar-se em seu objeto. Ambos os elementos são dois aspectos da mesma coisa, e são indissolúveis. O rompimento entre eles só acontece na palavra deliberadamente falsa, isto é, naquela que visa a enganar (o rompimento entre a intenção concreta e a intenção de audibilidade e inteligibilidade).

A palavra que teme o terceiro e procura apenas o reconhecimento temporário (a compreensão responsiva de uma profundidade limitada) nos destinatários imediatos.

O critério de profundidade da compreensão como um dos critérios supremos do conhecimento em ciências humanas. A palavra, caso não seja deliberadamente falsa, é insondável. Ganhar profundidade (e não altura e amplitude). O micromundo da palavra.

O enunciado (produção de discurso) como uma totalidade individual singular e historicamente único.

Isto, evidentemente, não exclui a tipologia estilístico--composicional das produções de discurso. Existem os *gêneros do discurso* (cotidianos, retóricos, científicos, literários, etc.). Os gêneros do discurso são modelos tipológicos de construção da totalidade discursiva. Entretanto, esses modelos de gênero diferem essencialmente dos *modelos linguísticos de orações*.

As unidades da língua, estudadas pelo linguista são, por princípio, reprodutíveis um número infinito de vezes em um número ilimitado de enunciados (são reprodutíveis inclusive os modelos de orações). É verdade que a frequência da reprodução em unidades distintas varia (é maior nos fonemas e menor nas frases). Só graças a essa reprodutibilidade é que elas podem ser unidades da língua e cumprir a sua função. Por mais que se determinem as relações entre essas unidades reprodutíveis (oposição, contraposição, contraste, distribuição, etc.), essas relações nunca podem ser *dialógicas*, o que destruiria as suas funções linguísticas.

As unidades da comunicação discursiva — enunciados integrais — são irreprodutíveis (ainda que possamos citá-las) e estão ligadas entre si por relações dialógicas.

[...][23]

---

[23] No original se inicia aqui uma segunda seção do texto, suprimida nesta tradução. (N. do T.)

Anexos

Nota do tradutor aos "Diálogos"

Os dois adendos incluídos em *Os gêneros do discurso* com os títulos "Diálogo I" e "Diálogo II" são inéditos no Brasil e foram escritos, respectivamente, em 1950 e 1952, isto é, antes da escrita de "Os gêneros do discurso" em sua forma definitiva, mas só foram publicados na Rússia em 1997, no volume 5 das obras de Bakhtin, publicadas pela editora moscovita Rússkie Slovarí, que serviu de fonte para esta tradução. À primeira vista são rascunhos do que viria a ser o texto final de "Os gêneros do discurso", porém uma leitura atenta mostra que Bakhtin vai além do livro projetado. Muitos dos temas ali presentes integram "Os gêneros do discurso", outros são ideias que Bakhtin pretendia desenvolver, aprofundando sua vasta teoria dos gêneros discursivos e ampliando-a para os gêneros especificamente literários e até mesmo para outros gêneros da escrita. Em toda a concepção bakhtiniana a linguagem humana é vista sob um prisma dialógico, mas nesses "Diálogos" atribui-se à própria língua uma natureza dialógica, o que, a meu ver, é uma novidade na teoria linguística de Bakhtin. Os temas ali esboçados ou desenvolvidos ajudarão, e muito, o leitor brasileiro a compreender os complexos meandros de "Os gêneros do discurso", além de inseri-lo no laboratório das ideias de Bakhtin.

Como uma grande parte dos dois "Diálogos" são rascunhos não concluídos de ideias, para facilitar a leitura e não suscitar dúvida nos leitores os textos ganharam o seguinte formato:

1) Frases e períodos entre colchetes quando se trata apenas de ideias não concluídas que Bakhtin pretendia desenvolver, ou seja, rascunhos laboratoriais do autor;

2) Linhas pontilhadas para indicar supressão de ideias repetidas ou claramente desenvolvidas em "Os gêneros do discurso", bem como de coisas específicas da vida e da cultura russa de pouco interesse para os nossos leitores, sobretudo para os pesquisadores de Bakhtin;

3) Reticências, sinal de interrogação e acréscimos entre os sinais tipográficos < > para anotação de lacunas, termos prováveis e complementações.

O restante apresenta os escritos de Bakhtin já formatados como texto teórico.

Paulo Bezerra

Diálogo I
A questão do discurso dialógico

A compreensão não repete nem dubla o falante, ela cria sua própria concepção, seu próprio conteúdo; cada falante e cada compreendedor[1] permanece em seu próprio mundo; a palavra faculta apenas o direcionamento, o vértice do cone. Por outro lado, falante e compreendedor jamais permanecem cada um em seu próprio mundo; ao contrário, encontram-se num novo, num terceiro mundo, no mundo dos contatos; dirigem-se um ao outro, entram em ativas relações dialógicas. A compreensão sempre é prenhe de resposta. Na palavra do falante há sempre um elemento de apelo ao ouvinte, uma diretriz voltada para a sua resposta. Isto se manifesta com maior clareza no discurso dialógico. A relação entre as réplicas do diálogo difere da relação entre duas orações de um contexto monológico ou entre dois enunciados centrados no mesmo tema e não relacionados dialogicamente.

---

[1] Embora o termo "compreendedor" não esteja dicionarizado, não há outro em português capaz de transmitir com precisão o significado da díade falante-compreendedor (говорящий-понимающий), base da concepção bakhtiniana de diálogo. Com a inserção do "compreendedor" como par obrigatório da relação falante-ouvinte, Bakhtin marca sua diferença em face de uma linguística tradicional, na qual o ouvinte se limitava a ouvir e nunca era considerado falante. (N. do T.)

O relativismo da diferença entre monólogo e diálogo.[2] Cada réplica é monológica até certo ponto (o enunciado de um sujeito) e até certo ponto cada monólogo é uma réplica, uma vez que integra <?> o contexto da discussão ou da pergunta, pressupõe ouvintes, uma polêmica precedente, etc. O diálogo envolve <?> enunciados de ao menos dois sujeitos, mas sujeitos interligados por relações dialógicas, que conhecem um ao outro, respondem um ao outro, e essa ligação (relação de um com o outro) se reflete em cada réplica do diálogo, determina essa réplica.

O apelo da literatura ao discurso falado ou popular não é apenas um apelo ao léxico, à sintaxe (mais simples); é, antes de tudo, um apelo ao diálogo, às potencialidades da conversação como tal, à sensação imediata de ter um ouvinte, à intensificação do elemento da comunicação, da comunicabilidade. É o enfraquecimento do elemento monológico do discurso e do reforço do dialógico.

[Uma apreciação dos gêneros do ponto de vista de sua dialogicidade (interna e externa).]

Maior ou menor grau de concentração do falante em si mesmo ou no objeto (o monólogo científico), isto é, maior ou menor grau de monologicidade[3] (i.e., de dialogicidade), da expressividade (no sentido de função).

Humboldt sobre a compreensão. A compreensão e sua importância excepcional. Uma diretriz centrada numa compreensibilidade máxima, na compreensibilidade de todo um povo. Uma diretriz centrada numa compreensibilidade limi-

---

[2] Serguei Botcharov observa que o tema da diferença *relativa* entre monólogo e diálogo não encontra correspondências terminológicas diretas em "Os gêneros do discurso" nem em outros escritos posteriores de Bakhtin. (N. do T.)

[3] Monologicidade e dialogicidade têm o sentido de potencialidade ou tendência monológica ou dialógica. (N. do T.)

tada. É esta a diretriz de todos os jargões — da gíria aos jargões da nobreza. Cabe ampliar o círculo dos que compreendem ou, ao contrário, estreitar esse círculo.

1. O *enunciado* como unidade primária do discurso e suas modalidades. Há modalidades de enunciados segundo a função (o discurso do cotidiano, o científico, o ficcional, etc.), e modalidades segundo a relação com o ouvinte: o diálogo, o monólogo e o relativismo dos dois. O monólogo está ligado à função expressiva.

2. A compreensão e sua dialogicidade.

3. O diálogo e suas modalidades: a importância do discurso dialógico para a literatura. O problema do diálogo na ciência e nos campos figurados <?> da ciência. As várias espécies de conferências <...>

A alma do compreendedor não é *tabula rasa*, a palavra luta com ela e a reorganiza.

[Há um grau de compreensibilidade no monólogo e na réplica tomada isoladamente. Uma oração, tirada de um contexto monológico, e uma réplica extraída de um diálogo: em que consiste a diferença? Que relações são violadas (rompidas) num e noutro caso?

O diálogo traz a marca não de uma, mas de várias individualidades. <...>

1. Peculiaridades da composição lexical do discurso dialógico (as interjeições, os pronomes, etc.).

2. Peculiaridades da estrutura gramatical (o imperativo, etc.).]

É mais forte e específico o reflexo da personalidade do falante no diálogo (expressividade). Em que consiste a especificidade? A relação com outro (polêmica e diferente) e a personalidade do falante formam-se na luta com o parceiro.

O papel do diálogo na história da linguagem literária. A linguagem literária contemporânea caracteriza-se pela extinção das formas livrescas de discurso e pela intensificação das formas de linguagem falada. No fundo, as formas livres-

Diálogo I

cas são monológicas. Limitam o papel do parceiro e estão voltadas para um restrito círculo de leitores de livros, que comungam num específico convencionalismo livresco. Intensifica-se o elemento dialógico e amplia-se a própria comunicação dialógica...

....

[Intensificação do elemento dialógico nos gêneros literários não dramáticos. Redução das partes descritivas e, em geral, do discurso do autor. Surgimento do narrador (combate ao caráter livresco e à monologicidade). A natureza polemista do autor.

....

Uma diretriz voltada para a resposta, a objeção, a resposta imediata. A influência especial das condições reais e do clima do discurso.]

Através de que formas a linguagem se enriquece ao realizar-se no discurso? Através das formas da totalidade; o início absoluto, o fim, a conclusão. A oração e o enunciado. O grau e o caráter do acabamento. Uma oração pode ser sucedida por outra oração do mesmo falante. O fim de um enunciado pressupõe a mudança do sujeito do discurso. Eu disse tudo, outro pode falar, mesmo que o faça usando um silencioso acordo-desacordo.

Em sua totalidade, o enunciado sempre é direcionado, tem um destinatário definido (o "leitor", o "público" e suas diferenças por épocas), em seu término acentua-se essa relação. A oração não tem destinatário, tem um contexto ao qual estão vinculadas as relações lógico-objetais e sintáticas.

Todo discurso termina, mas não no vazio, e dá lugar ao discurso do outro (ainda que seja o discurso interior), à expectativa de resposta, de emoção.

A unidade do discurso é o enunciado. Todo enunciado é por natureza uma réplica do diálogo (comunicação e luta). O discurso é dialógico por natureza. O relativismo na diferença entre diálogo e monólogo.

Toda intensificação da expressão da personalidade do falante no discurso monológico (isto é, onde quer que comecemos a sentir vivamente a personalidade individual do falante) é uma intensificação de suas potencialidades dialógicas.

O diálogo real e o convencional. O diálogo real banha <?> todas as formas monológicas e dialógico-convencionais, servindo-lhes como seio e corretivo <?>. A linguagem torna possível a vida discursiva e, por outro lado, ela mesma é influenciada por ela. Novas formas surgem no discurso (palavras, expressões fraseológicas, formas gramaticais) para em seguida generalizar-se e estabilizar-se na língua. Através do estilo e da linguagem. Essa nova formação se torna um jargonismo: fazem-se necessárias novas condições para que ela passe a integrar a língua de todo um povo (a elaboração da língua pelo escritor).

[A morte de uma língua e a morte das línguas.

Os campos de emprego da língua na vida social: a diversidade e o infinitude desses campos. Nos diferentes campos elaboram-se diferentes gêneros discursivos, isto é, formas de enunciados.]

Discurso é a língua *in actu*. É inadmissível contrapor língua e discurso em qualquer que seja a forma. O discurso é tão social quanto a língua. As formas de enunciado também são sociais e, como a língua, são igualmente determinadas pela comunicação.

[A comunicação de uma ideia pronta, a expressão de um sentimento (emoção) pronto, de uma intenção (um ato volitivo) e a formação de um pensamento, um sentimento, uma decisão na língua, no processo de expressão.

A questão do monólogo interior, formas do estilo e formas do todo (formas da conclusão). É indissolúvel a relação entre o estilo e o gênero, ou seja, o estilo estudado apenas para o discurso poético.]

1. A formação de uma ideia ocorre no mesmo processo de comunicação, de intercâmbio de ideias. Veja-se a fórmu-

Diálogo I

la dialógica de Marx e Engels.[4] Uma ideia só se esclarece para si mesma no processo de seu esclarecimento para o outro. Por isso não há nem pode haver, por assim dizer, um monólogo absoluto, ou seja, não endereçado a ninguém, uma expressão puramente individual de um pensamento para si mesmo. Semelhante monólogo individual absoluto, se é que o concebemos, dispensaria a língua, compreensível para os outros, perderia qualquer relação no campo da língua. Todo enunciado é dialógico, ou seja, é endereçado a outros, participa do processo de intercâmbio de ideias: é social. Monólogo absoluto — expressão de uma individualidade — não existe; isto é uma ficção da filosofia idealista da linguagem, que haure a língua da criação individual. A língua é dialógica ("meio de comunicação") por natureza. O monólogo absoluto, que seria um monólogo fundado na língua, é excluído pela própria natureza da língua.

(A linguística idealista estuda a língua como se esta fosse monológica.)

Contudo, se a língua é dialógica por sua natureza social e se o monólogo absoluto é impossível, a diferenciação entre formas dialógicas e formas monológicas de discurso não é só admissível como necessária. A par com as formas dialógicas de discurso (por exemplo, o diálogo cotidiano), existem formas monológicas (por exemplo, o discurso científico, as novelas e os contos, as obras líricas, etc.). Estas não são monólogos absolutos, mas por sua organização diferem acentua-

---

[4] "A língua é tão antiga quanto a consciência, e a língua é justamente a consciência real e prática, que existe para os outros e só assim existe também para mim mesmo; como a consciência, a língua surge apenas da necessidade, da premente necessidade de comunicação com outras pessoas." Karl Marx e Friedrich Engels, *Obras completas*, tomo 4, pp. 20-1, *apud* Serguei Botcharov e Liudmila Gogotichvíli (orgs.), M. M. Bakhtin, *Sobránie sotchiniénii* (Obras reunidas), tomo 5, Moscou, Rússkie Slovarí, 1997, p. 566. (N. do T.)

damente dos diálogos. No âmbito de totalidades monológicas como o romance, distinguem-se o discurso monológico do autor (ou narrador) e os diálogos das personagens. É dispensável demonstrar a evidente existência de diferenças essenciais entre os discursos monológico e dialógico no âmbito (e na base) da dialogicidade geral de uma língua. É natural supor que as formas do discurso dialógico são interessantes por exprimirem, de modo mais acentuado e puro, a natureza social da língua como <?> meio de comunicação (o que, evidentemente, não reduz tampouco a significação da forma relativo-monológica <?> de discurso).

[2. Língua e fala. Os campos de emprego da língua (são quase infinitos). A função da língua e a formação dos enunciados. A questão da unidade da comunicação linguística, do intercâmbio de ideias.

3. A definição de diálogo e seus problemas.

4. O papel do diálogo na história da linguagem literária. Diálogo e escrita. O monologismo da escrita (leis, análises <?>, formas discursivas religiosas, tipos de textos sagrados, orações, etc.).

5. O diálogo na literatura. A teoria da linguagem poética oriunda de Aristóteles, o discurso fundado nos tropos <?>, que não se propaga aos diálogos. Estudava-se apenas a linguagem do autor, a linguagem das personagens só se estudava de modo naturalista (com predomínio dos diálogos objetais no passado, das mudanças <?> no futuro).

O intercâmbio de ideias e sentimentos prontos e a formação das ideias e sentimentos no diálogo. A formação da ação no diálogo (o diálogo dramático na acepção precisa do termo).

As formas da língua, que levam uma vida mais ativa no diálogo (por exemplo, os pronomes e algumas formas verbais). Elas levaram essa vida também no passado (retrospecção). A questão da origem da língua e de algumas de suas formas.]

Diálogo I

A oração não é, absolutamente, uma unidade da comunicação discursiva. Se o enunciado (a réplica do diálogo, o provérbio, o aforismo, etc.) é composto de uma oração, esta já não é apenas uma oração: a ela se incorpora algo novo (uma nova qualidade) — o acabamento discursivo, e ela já pode ser seguida não de outra oração, mas de um enunciado alheio (compreensão-apreciação). Temos dois sujeitos discursivos, um intercâmbio de ideias, uma fronteira dialógica. <...>

[O discurso dialógico e o pensamento. A formação do pensamento no diálogo. A luta do novo contra o velho.]

O estilo do discurso de salão <?>, o estilo do discurso familiar, o estilo de uma conversa oficial ou prática. Os estilos do discurso dialógico. Cada um deles domina vários estilos. Estes são determinados pela relação com o interlocutor (por toda a complexidade da hierarquia social), pelo objetivo da conversa (por seu tema), por formas específicas de comunicação dialógica (a conversa mundana de salão <?>, as confissões íntimas, a conversa prática numa repartição, etc.), pelo clima externo da conversa, pelos acontecimentos que ensejam a conversa. Os estilos *dialógicos* de Tchítchikov.[5]

Além das réplicas de personagens isoladas, que as caracterizam assim como caracterizam o seu estilo e seu perfil social e individual, ainda há o diálogo em seu conjunto, isto é, o encontro, o toque e a luta entre diferentes individualidades.

[A importância das leis internas da língua para a compreensão.

A diferença entre o enunciado monológico e a réplica de um diálogo.]

A composição das pequenas e grandes massas discursivas. A linguística termina com uma oração subordinada, um período, que são elementos do enunciado, e desconhece a composição das totalidades verbais. Quando uma oração se

---

[5] Personagem central de *Almas mortas*, de Gógol. (N. do T.)

torna um enunciado integral, muda de qualidade. A questão dos gêneros discursivos dos enunciados, sua complexidade e suas dificuldades. Estudam-se apenas os gêneros literários, mas estes são específicos e antes de tudo sintéticos (ou sincréticos).

[Estudar nos pequenos gêneros a questão do acabamento.

O problema da comunicação discursiva, ou seja, da interação dos falantes. O reflexo, nas formas da língua, dessa interação, das posições dos falantes, o cenário e as *mise-en-scènes* da comunicação discursiva; as palavras e formas, que não têm uma importância objetal, mas relativo-dialógica.]

A inter-relação dialógica de estilos no romance (elas se correlacionam como as réplicas do diálogo). Por exemplo, os arcaísmos na lírica e no romance (em Púchkin).[6] Aqui o discurso se dispõe em diferentes planos. As nuances lexicais são prenhes de imagens de pessoas, sua seleção é determinada por razões não objetais. Veja-se uma análise do *Ievguêni Oniéguin* do ponto de vista da influência nele exercida pelo discurso dialógico, pelo heterodiscurso dialógico. Todo discurso do outro citado (ainda que seja uma simples citação) pressupõe uma relação dialógica com ele (mesmo que seja de concordância, de confirmação). <...>

O problema da *intercompreensão*. Não se trata de uma compreensão simples (passiva) cujo fim seja apenas compreender o que o falante quer dizer, sem avaliar a compreensão de sua fala, sem tirar dela uma conclusões nem apresentar uma reação responsiva. No fundo, semelhante compreensão nunca ocorre, é uma ficção. Toda compreensão é, em maior ou menor grau, prenhe de reação responsiva quer em

---

[6] Aleksandr Serguêievitch Púchkin (1799-1837), poeta e prosador russo, autor do romance em versos *Ievguêni Oniéguin*. Em *A pré-história do discurso romanesco*, Bakhtin analisa esse romance de Púchkin à luz do heterodiscurso dialógico. (N. do T.)

Diálogo I

palavras, quer em ação (por exemplo, o cumprimento de uma ordem compreendida ou de um pedido, etc.). É justamente nessa compreensão ativa e responsiva que se fixa o discurso do falante: a compreensão não dubla o compreensível; essa dublagem passiva seria inútil para a sociedade. Mas no grau e no caráter do ativismo da compreensão existe uma diferença essencial entre o monólogo e o diálogo. Esse ativismo especial da intercompreensão dialógica determina a ação, o dramatismo[7] do discurso dialógico.

Os ritmos e as entonações do discurso dialógico influenciam os ritmos e as entonações dos gêneros monológicos.

Há uma ligação entre as orações e os parágrafos do discurso monológico e um nexo entre as réplicas de um diálogo. <...>

Então, o estilo não é determinado pelo significado lógico-objetal das palavras, mas pela expressão, ou seja, pela auréola estilística que caracteriza o sujeito do discurso e sua *relação com a realidade* expressa no aspecto lógico-objetal da palavra. A isto se incorpora um terceiro elemento no discurso dialógico — a *relação com a palavra do outro acerca do mesmo objeto*, isto é, com as réplicas antecedente e consequente do interlocutor (que podem ser antecipadas, direcionadas e esperadas). A relação com o interlocutor determina o discurso tanto quanto a relação com o objeto (com a realidade). A relação com o interlocutor e com seu discurso é um elemento determinante do discurso no diálogo, fora do qual é impossível compreender uma réplica. Mas esse elemento está *implicité*, presente em qualquer discurso, uma vez que todo discurso pressupõe um ouvinte, um apelo a este. Con-

---

[7] Como observam Botcharov e Gogotichvíli, em sua obra posterior Bakhtin não consolidou esse dramatismo como categoria vinculada à recepção do discurso dialógico em sua desintegração interna em diferentes vozes. Cf. "Notas ao Diálogo I", em M. M. Bakhtin, *Sobránie sotchiniénii* (Obras reunidas), tomo 5, cit., p. 567. (N. do T.)

tudo, no monólogo a sensação de um ouvinte é outra, o monólogo está mais concentrado no aspecto lógico-objetal ou lírico-emocional do discurso, e não é desviado dessa concentração pela interferência real ou presumida do outro (pelo ponto de vista do outro, pela discordância do outro, etc.). No discurso monológico, o ouvinte tem um caráter mais indefinido e coletivo (embora esse "coletivo" possa ser sentido de modo diferenciado: amigos-correligionários, inimigos-adversários, etc.). O principal é que o monólogo exclui a interferência do ouvinte nos momentos decisivos do discurso, o ouvinte pode reagir apenas à totalidade do monólogo, e assim mesmo só à revelia. Quem escolhe a forma monológica ganha o direito a uma concentração excepcional no objeto de seu discurso e na sua relação com este, o direito a certa independência em face do ouvinte, à recusa em voltar-se para ele. Quando se estuda o discurso monológico, a análise quase pode se limitar ao significado lógico-objetal do discurso (ou seja, à realidade objetiva representada ou imaginada) e ao próprio sujeito do discurso em sua relação com o objeto do discurso. Porque essa é a diretriz real, essa é a intenção do discurso monológico.

A questão é bem mais complexa com o discurso dialógico: ao analisarmos uma réplica, devemos considerar a influência determinante do interlocutor e seu discurso, que se exprime na relação do próprio falante com o interlocutor e sua palavra. O elemento lógico-objetal da palavra torna-se o palco do encontro de interlocutores, a arena da formação dos seus pontos de vista e apreciações. No monólogo podemos nos abstrair disso. É necessário, evidentemente, considerar o relativismo do monólogo (pois não existe monólogo absoluto), mas as diferenças *relativas* que estabelecemos entre monólogo e diálogo são essenciais, apesar desse relativismo. De mais a mais, é necessário levar em conta os diferentes gêneros de monólogo, alguns dos quais pressupõem a sensação mais aguda de um ouvinte e uma consideração do ouvinte.

Diálogo I

O grau de dialogização do monólogo pode ser muito variado. É necessário levar em conta os diferentes pontos de vista que se enunciam sobre o objeto do discurso, polemizar com alguns pontos de vista (citações, reproduções de concepções alheias, etc.), apoiar-se em outros — levar à dialogização do discurso monológico. Além disso, pode-se falar de uma tendência histórica geral à dialogização do monólogo (dos gêneros científico, publicístico, ficcional, jornalístico e de revistas, etc.). Uma dialogização dos estilos.

[A concentração monológica do falante no próprio objeto de seu discurso e em sua relação com ele sem se voltar para o ouvinte, sem levar diretamente em conta os pontos de vista e apreciações dos outros.]

....

Até o discurso-estilo da prática burocrática é determinado pela relação com o outro — o destinatário: "Proponho" <?>, "solicitamos", etc. Aqui o estilo é determinado pelas tradições ou pelas diretrizes práticas e especiais do gênero, porém não cabe falar de estilo *individual*. No discurso do cotidiano há uma maneira individual.

Os gêneros da conversação cotidiana refletem de forma muito acentuada a influência do ouvinte e de seu discurso (concessões e ressalvas de toda espécie em proveito do ouvinte, o tato discursivo, etc.). São complexas as relações mútuas entre estilo e gênero. Os gêneros mudam frequentemente de estilo, os estilos se mesclam por campos e gêneros. O estilo, ao passar de um gênero a outro, modifica-o, transfere para ele peculiaridades do primeiro gênero. A penetração dos estilos falados na literatura dialogizam os gêneros literários.

Diálogo II

V. V. Vinográdov. *Tarefas vitais da investigação literária soviética*. (As questões da linguística à luz das obras de I. V. Stálin sobre linguística. Editora da Academia de Ciências da URSS, Moscou, 1951.)[1]

"O estudo da diversidade estilística da linguagem da ficção é impossível sem o conhecimento dos estilos da linguagem literária universal e da língua nacional. A linguagem literária, depois de atingir um elevado nível de desenvolvimento, é um sistema ramificado de estilos interligados e correlatos. Nem todos esses estilos são equivalentes. Distinguem-se pelos campos de aplicação, pelo conjunto semântico, pela composição e pelas construções das palavras. O deslocamento imotivado da expressão de um estilo para outro — funcionalmente distante — é considerado uma acentuada dissonância ou um recurso de comicidade."

"O estudo desse ciclo de questões pressupõe a elaboração de uma estilística da língua nacional.[2] Até hoje, os prin-

---

[1] A abertura do "Diálogo II" com o simples registro do livro de Vinográdov chega a ser inusitada, mas é uma clara estratégia de Bakhtin. Ele cita, consecutivamente, onze trechos integrais desse livro de Vinográdov, insere uma única nota de duas linhas entre a quarta e a quinta citações, e faz do conjunto objeto de polêmica e sobretudo um motivo para discutir suas próprias concepções de língua e discurso, ora concordando, ora divergindo de Vinográdov em questões pontuais. (N. do T.)

[2] Vinográdov emprega as expressões "língua comum do povo" ou "língua nacional comum", que são marcas ideológicas do tempo da escri-

cípios e tarefas da estilística como disciplina linguística ainda não estão plenamente claros e continuam indefinidos os conceitos e categorias basilares dessa ciência. O termo 'estilo', aplicado às variedades funcionais do discurso nacional-literário, tem um conteúdo diferente do que se encontra naqueles casos em que ele designa um sistema de recursos expressivos de uma obra de ficção ou de uma corrente literária. As questões e tarefas da normalização da língua nacional e a luta contra o entulhamento da língua falada com gírias e provincianismos estreitamente locais precisam da estilística para serem bem resolvidas em base teórica. A estilística da língua nacional deve dar uma ativa contribuição para o incremento da cultura do discurso. Nesse campo da linguística, a teoria está unida à prática de modo particularmente estreito, entrelaça-se com ela. Uma profunda concepção da estilística da língua nacional em seu desenvolvimento deve servir também como fundamento da criação verbal do escritor. A linguagem de uma obra literária conta com sua percepção e apreciação no aspecto de uma língua nacional comum."

"Nesse ciclo de questões, ganham importância especial as observações da sinonímia da língua no campo gramático e léxico-fraseológico. O estudo dos recursos sinonímicos de expressão, próprios da língua nacional, permitirá estabelecer seus estilos ativos vivos e determinar as leis de seu desenvolvimento semântico. É impossível desenvolver uma investigação da diversidade de estilos da língua separada do estudo das peculiaridades funcionais de seu emprego nos diferentes campos da vida social."

"Numa sociedade de classes, o ciclo das diferenças estilístico-funcionais do discurso se cruza com as diferenças de caráter sociodialetal. Diversos grupos sociais e diversas clas-

---

ta da referida obra. Contudo, preferi empregar "língua nacional" por ser a terminologia usual. (N. do T.)

ses, não sendo indiferentes à língua, procuram empregá-la em seus interesses. Nestes casos, nos estilos da linguagem literária refletem-se as diferenças de 'gostos linguísticos' e procedimentos típicos de expressões próprias desse ou daquele círculo social e condicionados por sua cultura. Por exemplo, não é difícil identificar traços típicos de um estilo discursivo saturado de 'retórica de seminário' ou de erudição eclesiástica profissional num trecho dos *Escritos do arcipreste Pievnitski...*"[3]

Segue um trecho (um exemplo de *estilo discursivo*).

Cita-se um exemplo do estilo de um escrivão militar ou de telegrafista.

"A função artístico-figurada da linguagem baseia-se na função comunicativa desta como meio de contato e troca de ideias, decorre dessa função comunicativa mas a subordina às tarefas e leis da expressão artístico-verbal. A amplitude, a diversidade e o direcionamento estético do emprego da língua nacional e de suas 'ramificações' distinguem acentuadamente a literatura ficcional de superestruturas ideológicas de outro tipo, que se exprimem, se conservam e se consolidam por meio da língua."

"A função da língua na ficção amplia-se e ganha complexidade. Com base na língua nacional e com o auxílio de suas possibilidades expressivas criam-se as formas de representação artística, os princípios de construção discursiva das imagens e caracteres, os procedimentos de tipificação e individualização dos discursos das personagens, os intrincados meios de condução do diálogo, a rica fraseologia artística, todo um arsenal de recursos figurativos."

"Nas leis do desenvolvimento dos meios de figuralidade artístico-verbal e de expressão manifesta-se a especificida-

---

[3] Dmitri Fiódorovitch Pievnitski (1828-1914), arcipreste da Igreja Ortodoxa Russa. (N. do T.)

de nacional de uma literatura. Quanto mais forte e duradouro é o seu efeito, tanto mais próximas elas se tornam da criação artístico-verbal do povo e de suas qualidades nacionais. Há nelas a marca da profunda originalidade nacional."

"O valor e a significação do discurso artístico 'são determinados pelo quando, onde e em que lugar e, essencialmente, pela finalidade desse discurso'. 'É necessário considerar cada palavra — diz Saltikov-Schedrin[4] — para que ela não represente uma dissonância, mas seja exatamente a palavra que caberia ser.' É de Púchkin o aforismo, que revela com acuidade a imensa importância dos meios de seleção e unificação das palavras no sistema do conjunto de uma oração: 'A razão é inesgotável *quando se consideram* os conceitos, assim como a língua é inesgotável *na unificação* das palavras. Todas as palavras estão no léxico, mas os livros, que surgem a cada instante, não são uma repetição do léxico" (A. S. Púchkin, *Obras completas*, tomo 7, M-L, 1951, p. 445)."

"O clima estilístico de uma obra determina o sentido da imagem artística, sua função e sua apreciação por parte do autor. *O estilo do discurso é o meio de caracterização do falante*. Os recursos sinonímicos da língua são profundamente individuais, isto é, do povo ou nacionais."

"No estilo do discurso refletem-se os gostos sociais e o nível da cultura do falante ou do escritor. 'Dos lábios de uma pessoa — diz Saltikov-Schedrin — não sai uma única frase que não permita observar em que situação ela foi proferida.' No estilo de uma obra revela-se a pessoa social do escritor e sua personalidade criadora individual."

"O estilo das grandes obras da literatura russa, suas generalizações figuradas e seus procedimentos de expressividade encarnam e concentram a força inexaurível da língua na-

---

[4] Mikhail Saltikov-Schedrin (1826-1889), escritor russo, notável por sua veia satírica. (N. do T.)

cional em seus limites ideais, em suas possibilidades poéticas. Por isso, o processo da criação artística de um grande escritor popular, assim como o seu estilo, não pode nem deve ser reduzido apenas ao reflexo e à expressão artística convencional de uma estreita visão de mundo social e classista." <...>

....

A palavra é determinada não só por sua relação com o objeto, mas também por sua relação com a palavra do outro (o estilo do outro).

Há uma correlação de gênero e estilo (quer na literatura, quer todos os outros campos da comunicação discursiva). Todos esses campos devem ser delimitados e definidos com exatidão. Fazem-se necessárias diferenciações precisas no interior de cada um desses campos. A situação, a finalidade e o objeto determinam também a escolha do estilo (das palavras e das formas gramaticais) e a escolha do gênero discursivo.

Há um grau de concentração do discurso em si mesmo, um grau de consideração do ouvinte.

O direcionamento da palavra para o objeto sempre se complica com a presença de palavras do outro, de pontos de vista do outro sobre o mesmo objeto. É uma quimera tornar a criar uma língua (dadaísmo, surrealismo, adamismo). No interior do objeto há encontros com a palavra do outro sobre esse objeto. Esses encontros, o choque, a influência, a luta e a demarcação podem ser ocultos ou abertos.

....

A diretriz voltada para a compreensão do interlocutor pressupõe não só que ele conheça a língua (compreensão linguística) como ainda leva em conta certas opiniões, gostos e apreciações desse interlocutor.

[Ausência de estudo dos gêneros. Foi elaborada apenas uma teoria dos gêneros literários, mas elaborada sobre a base específica e estreita de Aristóteles e do Neoclassicismo. Os principais gêneros da literatura contemporânea, como o romance, por exemplo, não foram absolutamente elaborados. A teoria dos gêneros parte de definições semântico-objetais. Ainda se estudou a relação dos gêneros com o estilo (Aristóteles, Horácio, Boileau, Lomonóssov).]

O diálogo, a discussão e a luta pressupõem uma intercompreensão linguística.

Trata-se de um problema de formas de gêneros. No processo de desenvolvimento da cultura esses gêneros discursivos se especializaram, assim como se especializaram as formas de comunicação cultural (científica, artística, técnica, etc.); suas etapas essenciais são a escrita e a publicação de livros. Tudo isso contribui para a especialização dos gêneros e sua concentração no objeto.

Quanto mais convencional e tradicional o estilo, menos ele considera o ouvinte vivo, concreto e atual, e mais monológico ele é. A destruição desses estilos começa com sua dialogização paródica. Nos momentos cruciais sempre se intensifica o elemento dialógico do discurso, agudiza-se a sensação de ouvinte-contemporâneo, inimigo e amigo, cresce a luta com todo convencionalismo, com o monologismo convencional. O recurso aos estilos de conversação e a ampliação do campo da linguagem literária estão intimamente ligados <?> ao recurso ao diálogo; ocorre — e isso é muito importante — uma ampliação da concepção de ouvinte-contemporâneo, de sua democratização. O convencionalismo, ao enfraquecer a sensação e o ato de considerar o ouvinte, ao mesmo tempo separa a palavra até da realidade efetiva. A dialogização, ao agudizar a sensação e a consideração da palavra do outro (do ouvinte ativo-responsivo contemporâneo), aproxima simultaneamente a palavra da realidade, assegura uma concentração objetal até mais criadora dessa palavra. O convencionalismo tradicional no campo da arte contribui para o dogmatismo no campo da ciência.

[O crescimento do diálogo na literatura e a dialogização das partes monológicas.

Uma colocação mais ampla e, sobretudo, mais profunda da questão do *discurso do outro* em todos os campos da comunicação discursiva (começando pelas formas de citar). <...>

A formação, o desenvolvimento do pensamento na discussão, no diálogo e sua consolidação em formas monológicas. Não podemos desintegrar esses dois momentos, entre eles há constantes transições.

Uma dialogicidade geral de todos os gêneros discursivos (de todas as formas de comunicação discursiva) e uma distinção relativa de diálogo e monólogo. Reflexo, até nas formas monológicas, do intercâmbio dialógico de ideias, da consideração do ouvinte ativo. Cada enunciado é uma réplica do diálogo, e o monólogo está repleto *de ecos dos enunciados do outro*. Variam bastante a forma e o caráter desses *ecos*. Vincula-se à linguística o estudo dos tipos gerais dessas formas. Tudo isso promove a questão das formas do reflexo e da transmissão do discurso do outro.

A compreensão incorreta do enunciado como um sistema fechado e autossuficiente, um sistema fechado fora do qual não há enunciado do outro, há apenas a suposição <?> do ouvinte passivo.

Enunciados alheios sobre o mesmo tema ou uma resposta dialógica indireta ou uma resposta a dado enunciado (um diálogo direto)].

Há uma diferença essencial entre o discurso estruturado em tropos (por exemplo, uma expressão metafórica) e o discurso paródico, irônico, humorístico, polêmico, etc. No primeiro caso, um sujeito discursivo e todo o movimento estão no interior do próprio objeto (desenvolvimento lógico-objetal) ou na expressão individual do próprio falante (ou na combinação de ambos os sentidos). No segundo, pressupõe-se um segundo sujeito e seu discurso de outro (real ou possível) e uma relação do falante (primeiro sujeito) com esse discurso, isto é, pressupõem-se os elementos de uma inter-

-relação dialógica. A expressão já não se relaciona ao objeto, não colore o objeto, nem diz respeito a uma pessoa como objeto (objeto de amor, de encantamento, de repulsa, etc.) mas ao falante e ao seu discurso, seu ponto de vista, seu estilo.

Há uma refração do raio-palavra através do ambiente verbalizado do outro.

Uma ideia do outro, que se expõe apenas a uma apreciação semântico-objetal, e o enunciado do outro, revestido de forma estilística (tendencial, ideológica e individual). Entre elas há transições contínuas, pois "não existem ideias nuas". No entanto, podemos abstrair esse caráter alheio (na ciência).

[A dialogicidade interior de toda palavra e a forma composicional externa do diálogo (em sentido restrito).

O encontro com a palavra do outro no objeto e um novo encontro com ele na resposta (a palavra a provoca, antecipa-a, constrói-se direcionada para ela).]
....
[O fundo aperceptivo da compreensão, considerado pelo falante.]
....
[A existência de palavras estilisticamente *neutras* e formas de linguagem (evidentemente relativas diante dos estilos dominantes de uma dada época). A estas aspira o escritor ao destruir os estilos caducantes.

A descoberta, a elaboração de um estilo para meu próprio discurso *incondicionalmente direto*, meu próprio estilo direto de autor.

Diferentes tipos de trabalho com meu próprio discurso direto ("o único discurso necessário no único lugar necessário") e com o estilo do outro (estilizável, parodiável, semiconvencional, etc.)]
....
Não podemos dividir dois sentidos de uma metáfora entre duas vozes, duas réplicas, não é possível pôr dois acentos

numa metáfora. O movimento metafórico da linguagem não é dialógico.

....

Quem deve estudar as formas do enunciado, ou seja, os gêneros discursivos? O linguista? Ou o investigador literário?

A reforma da linguagem literária como um deslocamento das formas existentes de discurso de um campo de sua aplicação para outro. Mas essas formas de discurso também trazem consigo os gêneros discursivos que lhes correspondem (o diálogo, por exemplo).

Há influência do ouvinte-interlocutor no discurso. No diálogo atua um ouvinte real, cujas réplicas são dadas e determinam as réplicas-respostas.

O enunciado é o mínimo daquilo a que se pode responder, com que se pode concordar ou não concordar. Um enunciado nega ou afirma algo. Não se pode responder a uma oração porque em si mesma ela não afirma (nem nega). Ela só se torna afirmação no contexto, na relação com outras orações na totalidade de um enunciado. Se uma oração não tem contexto, se não é um exemplo para análise, ela já não é uma oração, mas um enunciado integral composto por uma oração. Ela adquire novas qualidades: já afirma (ou nega) algo — claro que em grau variado de modalidade — e com ela se pode concordar ou não concordar, discutir, reforçar os argumentos, etc. Aqui entra o papel do outro. A ideia se torna objeto de troca com o outro.

Partes do conjunto monológico se tornam pensamentos na totalidade do contexto e daí podem ser destacados e discutidos separadamente.

Não se trata simplesmente de um pensamento, mas de um pensamento-afirmação. A oração é um pensamento acabado, mas fora do contexto ela ainda não afirma nada, com ela ainda não se pode discutir. Só se pode discutir uma oração do ponto de vista de sua correção gramatical.

O enunciado já pertence ao campo da ideologia (mas não tem necessariamente caráter de classe).

"Espere, ainda não terminei." Ou: *dixi*.

Destacada do contexto, uma oração-objeto de discussão é vista como um enunciado acabado (pelo <...> qual o falante responde).

[A relação com o conteúdo semântico-objetal do <enunciado> (na ciência) e a relação com seu estilo (visão de mundo). "Quem viveu e pensou..."[5] Compare-se isto à tirada análoga de Gruchnitski.[6]

Aqui não se pode separar o estilo do conteúdo semântico-objetal. Discute-se também com o estilo (como expressão de uma visão de mundo).

Aquele mínimo, depois do qual se pode dar a palavra ao outro, pode produzir um intercâmbio de pensamentos.]

Assim o enunciado se insere no campo da ideologia, mas as formas típicas dos enunciados, isto é, os gêneros, pertencem à linguagem. O mesmo acontece com as formas do reflexo do enunciado do outro, vinculadas a essa questão. É um campo limítrofe. Uma filosofia da linguagem.

O enunciado não coincide com um juízo. Pode pressupor uma apreciação não lógica, mas diferente deste.

Nas fronteiras do enunciado dá-se a alternância dos su-

---

[5] "Quem viveu e pensou, no fundo da alma não pode deixar de desprezar os homens" (A. S. Púchkin, *Ievguêni Oniéguin*, I, p. XLVI). Nota de S. Botcharov e L. Gogotichvíli em M. M. Bakhtin, *Sobránie sotchiniénii* (Obras reunidas), tomo 5, Moscou, Rússkie Slovarí, 1997, p. 573. Todas as notas ou referências de Botcharov e Gogotichvíli foram tiradas desse volume e doravante serão referidas como *op. cit.* (N. do T.)

[6] "Meu caro, odeio os homens para não desprezá-los, porque senão a vida seria uma farsa demasiado repugnante." Citado por Botcharov e Gogotichvíli. Gruchnitski é uma das personagens do romance de M. Liérmontov *O herói do nosso tempo*, publicado no Brasil em segunda edição pela Martins Fontes, em tradução minha. (N. do T.)

jeitos do discurso. O término de um enunciado é como que interrompido no possível discurso do outro. As fronteiras do enunciado são as fronteiras dos sujeitos do discurso, isto é, as fronteiras dialógicas.

A totalidade e o fim (conclusão) do enunciado não podem ser determinados apenas pelo acabamento lógico semântico-objetal. Incorpora-se a vontade concludente do autor: *dixi*, agora a palavra é sua. O enunciado como totalidade sempre está direcionado, endereçado a alguém. A questão do aspecto semântico-objetal não se esgotou, mas meu papel nele está por ora (relativamente) esgotado.

Assim o enunciado ganha, pela própria natureza, uma relação com o enunciado do outro, com o discurso do outro, com o discurso real ou possível do interlocutor-ouvinte-leitor. E essa relação com o enunciado do outro define dado enunciado, encontra nele um reflexo (reflexo do discurso do outro) obrigatório.

Não só o fim, mas também o início do enunciado é determinado pelo discurso do outro. É uma questão de início. Não se pode começar sem levar em conta o ouvinte e seu campo aperceptivo.

Mas o enunciado não apenas se limita e é cercado de todos os lados por sua relação com o possível discurso do outro; em todo o seu curso ele mantém uma ligação com esse discurso, reflete-o.

Uma réplica do diálogo ou um enunciado monológico.

A estrutura interna do enunciado. O que determina a seleção dos recursos linguísticos e estilísticos: 1) o conteúdo semântico-objetal (isto é, o direcionamento para o objeto do discurso); 2) a expressividade, ou seja, a expressão do sujeito falante (suas emoções, suas relações com o objeto do discurso); 3) a relação com o ouvinte e com o discurso do outro (de uma terceira pessoa).

É obrigatória a presença de um terceiro elemento em qualquer enunciado, tanto <na> réplica como no monólogo.

Diálogo II   135

Não é possível compreender o estilo de um discurso sem esse elemento sumamente importante e estilizador.

Trata-se justamente do estilo do enunciado e não do estilo da língua na acepção precisa do termo. O estilo de um enunciado concreto sempre incorpora a relação com o ouvinte, mesmo que seja o estilo de um requerimento, de uma resolução positiva emanada deste, o estilo de uma ordem militar, etc.

Estilos cosmovisivos e estilos tendenciais. Ao se tornarem estilos de um enunciado concreto, eles assumem um caráter polêmico, apologético e estilizador, mesmo que tenham o máximo de pureza e moderação. O emprego de um estilo constituído é, até certo ponto, quase sempre uma estilização, uma vez que envolve <?> a relação do falante com determinado estilo (um falar com ressalvas <?>, uma relação com o discurso alheio ou semialheio).

Nem de longe são neutros todos os fenômenos da língua (palavras, unidades fraseológicas, ou mesmo as formas morfológicas e sintáticas). Estas exalam estilos, a elas estão vinculadas certas apreciações tendenciais, ideológicas, sociais. Cabe empregar essas palavras com ressalvas, tomá-las entre aspas entoadas. Além das palavras neutras de ninguém, na língua há muitas palavras alheias ou semialheias para o falante, para o seu, isto é, para o estilo adequado à sua intenção.

Em qualquer estilo (o negocial, por exemplo), empregam-se palavras com ressalvas. "Como se diz no dia a dia", "como diriam os poetas", "falando em linguagem oficiosa", etc.

Que formas de relação com o ouvinte-leitor-interlocutor e com o discurso do outro existem no enunciado? Como classificá-las?

Cabe, antes de tudo, enfocar <...> o seguinte fenômeno. O interlocutor-ouvinte-leitor é a segunda pessoa a quem o enunciado está dirigido, endereçado, a quem eu respondo ou cuja resposta antecipo. Mas uma terceira pessoa, cujo enunciado menciono, pessoa essa que eu cito, com quem polemizo e concordo, também se torna segunda pessoa uma vez que entro em relações dialógicas com ela, ou seja, torna-se sujeito de uma relação dialógica. O falante e seu discurso não podem ser simplesmente um objeto de discurso, visto que me refiro a eles e para mim eles se tornam um parceiro dialógico. Ademais, o ouvinte e o discurso do outro podem ter uma forma coletiva, generalizadora. É o que ocorre <por exemplo> nos estilos polêmicos e ressalvados que se empregam.

[Classificação dos parceiros dialógicos. O interlocutor no discurso direto ao qual respondo. O campo aperceptivo do interlocutor-ouvinte. Sua resposta antecipadora. A relação com tudo o que já foi dito sobre o objeto do discurso (ainda que seja na forma "assim se costuma achar, se diz"), o *apoio* velado ou a polêmica velada.]

....

[O reflexo do discurso alheio e sua influência. As formas desse reflexo. O discurso (do outro) permanece fora do enunciado ou se insere nele, insere-se em forma direta ou em diferentes modalidades de forma indireta (hibridização).[7] Em todos os casos isto determina o enunciado: tanto o seu estilo como a sua composição <...>.

Uma oração, assim como uma palavra isolada, desde que corretamente composta, *nós compreendemos*, isto é, para nós é claro o seu significado, mas não podemos apreciá-la, concordar com ela ou discordar dela, ou seja, é impossível ter uma compreensão *responsiva* e empregá-la. Apreciá-la via concordância-discordância <?> — ocupar alguma posição.

---

[7] Nesta e em outras passagem que se seguem Bakhtin retoma temas que já analisou em *O discurso no romance* e também em *Problemas da poética de Dostoiévski*. (N. do T.)

Diálogo II

A condição de parceiro dialógico é ocupada pelo público, pelos críticos, pelos cientistas especialistas, os descendentes, o povo, etc. As várias concepções de ouvintes aos quais se destina o enunciado.

No discurso falado, o falante não tem estilo individual, mas uma maneira individual de construir seu enunciado.

A questão da polêmica aberta. Estudo das formas de enunciado com base no fato de que cada enunciado (inclusive o mais monológico, solitário e autossuficiente) participa do *intercâmbio social de ideias*, é uma unidade desse intercâmbio, é determinado por esse intercâmbio, que é dialógico por natureza.]

....

Os princípios hierárquicos de diferenciação dos estilos. Estilos promovedores e rebaixadores. Aqui não se trata de simples reflexo da hierarquia social numa sociedade de classes (uma concepção tão simplificada seria uma vulgarização). O que importa é a inter-relação dialógica de estilos, que servem uns aos outros como campo dialogante. Há tendências insultuosa e elogiosa nos estilos.[8]

Não é em todos os gêneros do discurso que pode se manifestar a maneira individual do falante. Frequentemente, o princípio formador do estilo é a tradição do gênero (por exemplo, o estilo de uma ordem militar, o estilo de atos legislativos, o estilo de deliberações sobre produção, de sinais, etc.).

É justamente nos enunciados, isto é, nos gêneros discursivos, que se dá o emprego da língua com fins classistas e grupais (ideológicos, tendenciais, etc.). Mas nestes casos os enunciados, que são unidades do intercâmbio social de ideias, baseiam-se na identidade nacional da língua, que estabelece certos limites para esse emprego (ultrapassando esses limites, o

---

[8] Nas análises da linguagem da cultura popular, do carnaval e da paródia, o par de categorias "elogio-insulto" é central na concepção filosófica geral de Bakhtin sobre os discursos na cultura. (N. do T.)

enunciado deixa de ser compreendido). Sobre o significado basilar (de toda a língua e neutro) das palavras e formas da língua superpõem-se significados complementares especiais de caráter predominantemente valorativo. Ocorre uma espécie de *contaminação* de palavras e formas particulares da língua por certas avaliações (auréolas estilísticas). Essa contaminação ocorre nos enunciados. São até possíveis coloridos individuais em manifestações da língua. Não se pode entender o mecanismo desse processo sem um estudo mais profundo da estrutura do enunciado como unidade da comunicação discursiva, sem uma compreensão de sua natureza dialógica.

Todos os campos da ideologia usam a língua, mas cada um a seu modo.

....

Passamos à questão do significado *contextual* da palavra.[9] É justamente aqui que entra o famoso aforismo de Púchkin.[10] A língua nacional serve não só a toda a sociedade (a todas as classes e grupos sociais), não só a todos os campos da vida da sociedade (produção, ideologia, etc. — da base à superestrutura) mas também a todas as situações singulares e excepcionais, a todas as intenções possíveis e excepcionais dos falantes e escritores, a todas as novas descobertas. O mundo apreendido pelo conhecimento ampliou-se de modo inusitado, mudou, enriqueceu-se, diferenciou-se num lapso de tempo durante o qual a língua quase não mudou. Campos inteiros, novos e fundamentais <?> da realidade foram

---

[9] Como observam Botcharov e Gogotichvíli, este é um dos temas que Bakhtin se propôs desenvolver em "Os gêneros do discurso", mas não o fez. (N. do T.)

[10] Eis o aforismo, já citado por Bakhtin no início deste ensaio: "A razão é inesgotável *quando se consideram* os conceitos, assim como a língua é inesgotável *na unificação* das palavras. Todas as palavras estão no léxico, mas os livros, que surgem a cada instante, não são uma repetição do léxico". (N. do T.)

descobertos, foram expressos e descritos com o auxílio da língua, cujo campo basilar — tanto a estrutura gramatical como o sistema fonológico — continuou sem mudanças. Tudo isso levanta a questão do significado contextual de todos os fenômenos da língua. O estudo dos estratos e camadas do significado e do sentido das palavras. Tais estratos são tanto semântico-objetais quanto expressivos.

O que se incorpora (sobrepõe-se) ao significado de uma palavra no estilo da língua (a "nuance lexical")? O que se sobrepõe ao significado no estilo tendencial? O que se sobrepõe no estilo individual? Por último, no enunciado singular individual (significado contextual) <?> o que determina a escolha da única palavra necessária e do único lugar necessário para ela? Uma elaboração produtiva da questão do significado contextual é impossível sem um estudo mais profundo da natureza e da estrutura do enunciado.

Função e situação.

O que resta do significado contextual no sistema da língua nacional? Não só *reminiscências*, não só associações, mas certa flexibilidade e uma riqueza potencial do significado basilar, certa capacidade para combinações contextuais.

O enunciado (a réplica) pode ser constituído de uma oração extremamente incompleta: "E?". É um imposição à continuidade do discurso, à abertura do principal. Esse "E" pertence *a uma outra voz*.

Os gêneros primários do discurso refletem de modo imediato e direto uma situação de comunicação, e os gêneros secundários, especializados, refletem uma situação complexa de comunicação cultural organizada. Mas, em sua maioria, esses gêneros especializados são formados por gêneros primários (o drama de réplicas, o romance, etc.).[11] A organiza-

---

[11] Como observam Botcharov e Gogotichvíli, aqui são fixados pela primeira vez os significados de gêneros "primários" e "secundários" que serão usados em "Os gêneros do discurso" (*op. cit.*, p. 575). (N. do T.)

ção desses gêneros é determinada por objetivos e condições especiais de um dado campo da comunicação, mas os gêneros que integram sua composição têm caráter primário. O romance é uma enciclopédia de gêneros discursivos primários; não um romance isolado, mas o gênero romanesco (cartas, diálogos correntes, diários, análises <?>, protocolos, confissões, relatos dos costumes, etc.). Por isso o romance é o material mais importante para o estudo desses gêneros primários (embora se deva levar em conta que aqui esses gêneros, retirados das condições da comunicação discursiva real e subordinados aos objetivos do romance, sofreram transformações em diferentes graus). Na maioria dos casos, essa transformação segue a linha do desenvolvimento das possibilidades jacentes no próprio gênero primário e não força nem deforma esses gêneros.

No romance encontramos todas as mais diversas modalidades de diálogo:

1. As diversas modalidades de diálogo corrente: grosseiro-incerimonioso, mundano, íntimo, obsceno e vulgar, de salão, familiar, de alcova, com várias composições de participantes, em diferentes situações, sobre temas diversos e com diferentes fins (até hoje não existe uma classificação das formas de diálogo corrente);

2. Diálogos práticos e profissionais: burocráticos, ligados à produção, comerciais (vinculados à compra e venda e à conclusão de negócios e operações de toda espécie em Gógol), diálogos da bolsa de valores, militares (a representação de conselhos militares em Tolstói, etc.), investigatórios e judiciais (uma minuciosa representação dramatizada de investigações e argumentações jurídicas <?> ocorre nos romances do início ao desenvolvimento, isto é, no romance grego (sofista); conflito dialógico de diferentes classes e grupos sociais: do amo com o servo, do oficial com o sodado, do chefe com o subordinado, de pessoas de diferentes posições, diversas situações de diálogo, etc.;

Diálogo II

3. Diálogos ideológicos: filosóficos, científicos, artístico-tendenciais, ético-morais (confessionais), políticos, etc.; refletir a luta de opiniões em todos os campos da vida ideológica é uma das tarefas mais importantes do romance (já a partir do gênero dos diálogos socráticos, um dos embriões do gênero romanesco em solo antigo);

4. Há diálogos internos de diversos tipos — "consigo mesmo", formas dialógicas de desenvolvimento da vida interior, formas de discussão consigo mesmo, modos de formação dialógica do pensamento individual dos heróis, etc.

A capacidade <?> e a inventividade na criação de situações dialógicas é um traço muito importante de um romancista.

Seria uma tarefa interessante classificar as diversas formas de diálogo em Balzac e caracterizar a especificidade de cada uma dessas formas.

Falamos de diálogos como gêneros discursivos primários e não tocamos nas funções artísticas do diálogo nos romances.

[O reflexo das diversas formas de gênero primário da escrita na história do romance.]

Desse modo, em todas as etapas do seu desenvolvimento histórico o romance é uma fonte excepcionalmente importante para o estudo dos gêneros discursivos primários, de sua estrutura (dialógica) e de suas diversas formas. É claro que outros gêneros literários também oferecem material para semelhante estudo, mas em grau incomparavelmente inferior.

O estudo dos gêneros do discurso contribuirá substancialmente também para uma doutrina dos estilos de linguagem e — especialmente — para a complexa história social de sua formação (de sua reacentuação, reassimilação).

A complexa vida dos <estilos> linguísticos, ideológicos (tendenciais, cosmovisivos) e sociais, a história do surgimento, do desenvolvimento e da luta entre esses estilos e de sua transformação e reacentuação, não pode ser compreendida sem um estudo profundo dos gêneros do discurso, de sua natureza dialógica e de suas modalidades.

Faz-se necessário o estudo dos gêneros discursivos e da história da linguagem literária.

No romance, os gêneros primários mantêm sua elasticidade, sua originalidade. Ao romance interessa a possibilidade de aproveitar as potencialidades (predominantemente as dialógicas) jacentes nesses gêneros.

[*A questão dos gêneros do discurso*.

1. A definição de gêneros do discurso. Sua natureza social e dialógica. Aqui o *individuum* atua como parceiro do diálogo, seu pensamento se forma para os outros e não para si mesmo. Crítica à linguística burguesa.

2. Revelar a natureza dialógica dos gêneros primários. O reflexo do discurso do outro nesses gêneros. Suas maneiras e seu estilo são determinados não só pelo objeto e pela expressão, mas também pelo ouvinte e seu discurso.

3. A importância do problema para a estilística. Crítica ao monologismo estilístico. O estudo da política externa dos estilos (apologética, polêmica, diferentes graus de convencionalismo, formas diversas de refração).

4. A questão do significado contextual da palavra (situação, cosmovisão, individualidade).

5. Classificação dos gêneros do discurso: 1) dialógicos e monológicos; 2) primários e secundários (especializados e construtivos).

6. Fontes do estudo dos gêneros do discurso.

— — —

No processo de superação do caráter livresco na história da linguagem literária russa, o recurso à língua falada, ao estilo de conversação, esteve inevitavelmente vinculado ao recurso àqueles gêneros discursivos nos quais esse estilo se realizava, isto é, a diferentes formas de diálogo, o que levava à intensificação da dialogicidade tanto na ficção quanto

Diálogo II

nos gêneros publicísticos e até nos científicos.[12] Evitar <?> esses gêneros com suas particularidades específicas é absolutamente impossível quando se estuda a história da linguagem literária.

Dividir os gêneros em livresco e de conversação não é essencial.

Os gêneros que servem como fonte para o estudo dos gêneros discursivos primários: 1) os gêneros dramáticos, particularmente os cômico-populares (o drama satírico, os mimos, as comédias para a fase antiga; as farsas e os dramas cômicos na Idade Média (o "jogo na conversa" <?>), as sotas, a charada <?>, etc.); 2) os gêneros satíricos (a sátira menipeia, os gêneros do sério-cômico da Antiguidade, Luciano); 3) os gêneros publicísticos, os ensaios, etc.

....

Os gêneros discursivos <—> são um dos mais importantes problemas nodais da filologia. Esse problema se situa na fronteira da linguística e da investigação literária,[13] bem como naquelas partes da filologia que ainda não foram inteiramente elaboradas e devem estudar a vida da palavra e o emprego específico da língua em todos os campos da vida social e da cultura (os "campos de emprego da língua são quase infinitos"). A elaboração teórica dessa questão nodal da filologia faz-se necessária para uma construção mais profunda e metodologicamente precisa de uma estilística tanto da lin-

---

[12] Como observam Botcharov e Gogotichvíli, "o tema da história da linguagem literária", que surge com frequência nesses escritos preparatórios mas não foi introduzido em "Os gêneros do discurso", também é uma polêmica velada de Bakhtin basicamente com Vinográdov, para quem a ficção, embora "cortada por diálogos", é por natureza um "discurso monológico". *Op. cit.*, p. 575. (N. do T.)

[13] De литературоведние (*literaturovédenie*), que no original engloba história da literatura, teoria da literatura e crítica literária. A meu ver, investigação literária contempla as três modalidades de estudo contidas no conceito russo. (N. do T.)

guística quanto da ficção, da semasiologia <?>, etc. Existe um vínculo com o uso ideológico e classista da linguagem, o problema das funções da linguagem, do significado contextual. São essas as linhas que se entrelaçam na questão nodal. Deve-se criar uma classificação mais diferenciada dos estilos de linguagem (as classificações existentes são grosseiras <?> e simplificadas, não acasalam toda uma série de fenômenos estilísticos essenciais e são inclusive totalmente incapazes de incorporar nuances estilísticas mais sutis).

[A linguística e a composição dos gêneros verbais, discursivos, isto é, da construção das totalidades discursivas (dos enunciados) quer dos gêneros ficcionais, quer em todos os campos de aplicação da linguagem.]

Pode-se considerar o enunciado como uma totalidade sintática complexa, ou seja, dissolver o problema do enunciado na sintaxe, considerar a *totalidade* do enunciado como uma totalidade sintática (por analogia com uma oração subordinada ou um período).

— — —

"As unidades basilares da língua, das quais se constitui nosso discurso, têm como objetivo *o outro* dos nossos pensamentos."

Em todas as subsequentes reflexões linguísticas desaparecem esses "outros", os únicos para os quais existe o discurso. O discurso é determinado unicamente pelo falante e pelo objeto da comunicação.

Língua e fala. A palavra e a oração integram o sistema da língua e são suas unidades (unidades linguísticas) apenas em sua forma abstrata (segundo a fórmula de I. V. Stálin).[14] Em sua forma concreta, elas são unidades do enunciado.

---

[14] Alusão ao livro de Stálin *Marxismo e questões de linguística*. (N. do T.)

Diálogo II

"As palavras são os tijolos, a gramática são as regras e os meios da construção, do edifício — isto é o enunciado."[15]

"Nosso discurso se desmembra antes de tudo em orações, cada uma das quais, sendo um enunciado mais ou menos acabado, traduz um pensamento particular."[16]

A *pausa* separa uma oração de outra. Essa pausa só existe no interior do enunciado. Entre enunciados, a pausa é de uma espécie totalmente especial (se é que neste caso pode-se falar de pausa). Tal "pausa" já não é determinada pelo falante que concluiu sua fala. É determinada pelo interlocutor e por toda a situação do discurso.

Uma oração subordinada continua oração e não nos aproxima das fronteiras do enunciado, ainda não gera uma nova qualidade.

"Nosso discurso tem por finalidade comunicar a outros os nossos pensamentos. Estes se encarnam no discurso em forma de orações."[17]

Se a oração efetivamente encarna como forma *todo* um pensamento que queremos comunicar ao outro, então ela já não é apenas uma oração, mas um enunciado integral. Já não é concluída por uma pausa, mas pela conclusão, não é seguida de outra oração mas do discurso do outro, do enunciado

---

[15] Como assinalam Botcharov e Gogotichvíli, "Bakhtin elabora uma metáfora de Stálin: 'Como no ofício da construção os materiais de construção não constituem o edifício, embora sem eles sua construção seja impossível, de igual maneira o léxico de uma língua não constitui a própria língua, embora sem ele nenhuma língua seja concebível' (I. V. Stálin, *Marksizm i vopróssi iazikoznániia* [*Marxismo e questões de linguística*], Moscou, 1952, p. 23). Para M. M. Bakhtin, o que animou Stálin a escrever esse trecho foi a leitura da *Gramática da língua russa*, onde, na p. 7, ele aparece em forma ampliada" (Botcharov e Gogotichvíli, *op. cit.*, p. 575). (N. do T.)

[16] *Gramática da língua russa*, p. 9. Todas as citações desse livro devem-se a Botcharov e Gogotichvíli. (N. do T.)

[17] *Ibidem*. (N. do T.)

real ou possível do outro (isto é, sua compreensão é prenhe de resposta ou de complemento); este enunciado está voltado para o outro, de uma forma ou de outra reflete em si mesmo o discurso real ou possível do outro.

Temos o elemento semântico-objetal do enunciado (o objeto da comunicação, aquilo que se comunica), o elemento expressivo, ou seja, a relação valorizadora do falante (individual ou coletiva) com o objeto da comunicação, isto é, com o elemento semântico-objetal e, por último, o terceiro elemento determinante do enunciado — a relação do enunciado (e do falante) com o interlocutor-ouvinte-leitor e sua palavra (já pronunciada e antecipada), com o pensamento do outro no processo de intercâmbio de ideias.

Existiria esse terceiro elemento determinante do enunciado? Não se dissolveria ele nos dois primeiros (ou seja, no objeto e na expressão do enunciado)? Encontraria ele um reflexo real, material e determinante no enunciado?

Às vezes, o enunciado do outro (da segunda ou terceira pessoa) pode ser o objeto independente do enunciado, isto é, eu posso falar do enunciado alheio, comunicá-lo a outro. Mas este é um objeto *sui generis*. Ao falar do discurso do outro, não podemos deixar de ocupar alguma posição dialógica em relação a ele, concordar e discordar dele, assumir diante dele uma posição polêmica, irônica, apresentá-la como uma posição verdadeira, de autoridade, duvidosa, etc. Desse modo, existe neste caso uma relação de caráter dialógico com o discurso do outro. A expressão, ligada ao objeto, ao discurso do outro sobre o objeto, é de natureza especial: é uma expressão de acordo-desacordo (que se manifesta na entonação), de ironia, de dúvida quanto à justeza, etc. — é uma expressão dialógica especial. Esta expressão se verifica até onde o discurso do outro não é o objeto do enunciado, mas permanece fora deste. <...>

Harmônicos dialógicos que em qualquer discurso juntam-se ao seu tom basilar.

Diálogo II

As formas da relação dialógica com o enunciado do outro, as formas de reflexo do ouvinte e de seu discurso são extremamente diversificadas, mas quase não foram objeto de nenhum estudo (quase nada acrescentamos à retórica antiga). O estudo dessas formas é uma importante tarefa que se coloca perante nossa ciência.

Quando nos abstraímos da *totalidade* de um enunciado, quando estudamos uma oração como elemento de um contexto monológico-convencional deixamos de ouvir todos os harmônicos dialógicos, exceto os mais grosseiros e externos.

....

Pode-se definir a oração como aquele mínimo gramatical (sintático) do qual pode se revestir a totalidade do enunciado.[18] Neste caso a oração ganha indícios, qualidades, que não teria como oração em contexto.

Distinguir o significado das palavras e o conteúdo do pensamento. O conteúdo do pensamento revela-se, realiza-se com o auxílio dos significados das palavras apenas em um enunciado concreto.

Nos gêneros culturais complexos, especializados e concentrados em seu objeto, sempre se pode sondar formas orgânicas elásticas de gêneros primários. Em todos os momentos críticos da história da linguagem e dos estilos literários há um apelo aos gêneros do discurso e, antes de tudo, ao diálogo.

Todo enunciado (minimamente responsivo) tem conhecimento sobre o objeto como o têm outros enunciados sobre o mesmo objeto (acordo e desacordo), orienta-se de certo mo-

---

[18] Para Botcharov e Gogotichvíli, este é um procedimento característico de Bakhtin: "transferir uma figura lógica do pensamento linguístico da época para o campo que o interessa, o que dá aos seu textos uma estrutura bivocal". *Op. cit.*, p. 576. (N. do T.)

do entre esses enunciados alheios. Essa orientação pode manifestar-se de forma direta no enunciado (exposição de opiniões alheias, citações e referências, polêmica, etc.). Mas também pode não haver esse reflexo: neste caso, sempre existem *harmônicos dialógicos*, ainda que seja difícil captá-los. Ademais, todo enunciado leva em conta a resposta subsequente: de acordo, objeção, dúvida, etc., isto é, leva em conta a *compreensão responsiva*. Essa antecipação da resposta também pode ter uma expressão imediata no discurso, mas só pode dar continuidade aos harmônicos dialógicos.

O discurso mais monológico, mais concentrado em seu objeto (distanciado ao máximo de qualquer caráter retórico), acaba tendo harmônicos dialógicos.

[Considerar a posição social, a categoria do ouvinte e seu campo aperceptivo.

A oração é um pensamento particular entre outros pensamentos particulares do mesmo falante. A "particularidade" do enunciado de outra espécie.]

O enunciado termina onde termina o discurso (o papel, a réplica ou o monólogo) de um determinado sujeito do discurso e onde interfere o outro — o falante ou o que compreende e aprecia o discurso do primeiro.

[A questão da *totalidade*. ("Tudo".) Não operamos com elementos do sistema, mas com a totalidade. Um problema de conclusão e de término.

Compreensão da linguagem e compreensão do enunciado, compreensão do significado das palavras e compreensão do conteúdo do pensamento ou da imagem.

Não se trata de pensamento, mas de intercâmbio de pensamentos, não se trata de um enunciado (isolado e autossuficiente), mas de um intercâmbio de enunciados no âmbito de uma dada sociedade.

Uma ideia se torna ideia real no processo de intercâmbio de ideias, isto é, no processo de produção do enunciado para o outro.

Diálogo II

Os harmônicos dialógicos: polêmica velada, potencialidade paródica leve <?> e ironia em alguns lugares, discurso alheio difuso e velado, justificação polêmica do destaque de posições e palavras particulares, etc. O campo dialógico <...>]

Posfácio

No limiar de várias ciências

Paulo Bezerra

A presente edição de "Os gêneros do discurso" e "O texto na linguística, na filologia e em outras ciências humanas" vem enriquecida por uma novidade de suma importância para o pesquisador brasileiro: dois inéditos de Bakhtin intitulados "Diálogo I" e "Diálogo II", publicados pela primeira vez na Rússia em 1997. Os dois diálogos são de grande valia para os nossos estudiosos de Bakhtin porque, mesmo sendo textos preparatórios de "Os gêneros do discurso", discutem questões congêneres não contempladas nessa obra e trazem rascunhos de projetos teóricos que o mestre pretendia desenvolver, revelando sua permanente preocupação com o aprofundamento e maior abrangência de sua teoria do discurso em vários campos das humanidades.

"Os gêneros do discurso" e "O texto na linguística, na filologia e em outras ciências humanas" são traduções minhas de 2003 que integravam o livro *Estética da criação verbal*, título arranjado por amigos de Bakhtin para publicar suas obras e lhe permitir recursos para sua difícil sobrevivência. Na realidade, *Estética da criação verbal* não é um livro tematicamente uniforme; são três livros em um, todos diferentes entre si pelos objetos de análise e reflexão, além de dois textos sobre Dostoiévski e outros quatro sobre diferentes temas de ciências humanas. Por sugestão minha e aceite dos herdeiros de Bakhtin, a Editora 34, detentora oficial dos direitos da obra de Bakhtin no Brasil, resolveu desmembrar *Es-*

Posfácio   151 *tética da criação verbal* em quatro livros e publicá-los separadamente, começando por *Os gêneros do discurso*. Assim, temos um livro tematicamente coeso, estruturado sobre vários conceitos do pensamento bakhtiniano, entre os quais figura como núcleo central o enunciado como unidade mínima do discurso e elo do processo de comunicação humana.

Ao preparar os dois primeiros textos para a nova edição, fiz várias modificações na redação com o intuito de tornar o discurso mais claro e direto, substituindo formas conceituais como "o todo" ou "conjunto" (do enunciado, por exemplo) por "totalidade", "artístico" por "ficcional" quando se trata de discurso ou gênero literário, "semântico" por "de sentido" (em português não existe adjetivo para "sentido") para destacar a ênfase bakhtiniana no sentido como elemento essencial da reflexão teórica sobre o discurso, "configuração dialógica" por "dialogicidade" para manter com a máxima originalidade a terminologia de Bakhtin; também substituí "compreensão" por "interpretação" quando o objeto da leitura é um texto literário. Mas cabe observar que esses dois conceitos derivam do original russo *ponimánie*, que Bakhtin emprega constantemente nas duas acepções, preferindo-o ao vocábulo *tolkovánie*, que significa de fato interpretação. Com o intuito de dar mais leveza à linguagem dos textos, tive de apelar para uma "ousadia". Na língua portuguesa não existe adjetivo para a palavra "princípio" como proposição lógica fundamental sobre a qual se apoia o pensamento (Houaiss). O russo usa, às vezes quase como um cacoete, a palavra latina *princípio* na forma adverbiada *printsipialno*, que tanto pode ter o valor de advérbio (*principalmente*) como da locução adjetiva "de princípio". Como Bakhtin a emprega com o sentido de proposição lógica, resolvi traduzir *printsipialno* por *principial*, em vez de usar a locução adjetiva "de princípio" que, numa sequência formada com outros adjetivos, quebra frequentemente a fluidez do discurso, tornando-o pesado. Ademais, não vejo nenhuma razão lógica ou morfológica para a ausência do adjetivo *principial* em nossa língua, uma vez que nossos dicionários acasalam o formalmente congênere "inicial" e o esquisito "proximal". Por último, substituí o conceito "enunciação" por "enunciado".

Essa última substituição requer uma explicação especial. Em traduções anteriores, talvez influenciado por outras correntes linguísticas, eu havia traduzido o termo russo *viskázivanie* por "enunciação" quando se tratava de ato ou produção imediata de fala ou discurso. A releitura cuidadosa e analítica que fiz dos textos para esta edição me fez perceber que eu havia de fato cometido uma séria impropriedade. Para Bakhtin, *viskázivanie* ou "enunciado" não equivale a mero ato de produção de fala ou discurso; é muito mais que isso. Enunciado é *o elo* (NB: *o* elo, não *um* elo) essencial da cadeia de comunicação, e é dotado de uma tridimensionalidade comunicativa histórica e cultural que reúne passado (o antecedente), presente (o *continuum*) e futuro (o consequente) do processo de comunicação como um fenômeno da cultura perene em sua substancialidade e aberto como forma de existência e comunicação entre os homens no devir histórico e na unidade aberta de cultura e história.

No início dos anos 1950 Bakhtin retoma seu interesse pelos problemas específicos da linguística e das várias modalidades de discurso, desta vez concentrando sua atenção na questão dos gêneros, tema central de "Os gêneros do discurso". Digo retoma porque algumas dessas questões haviam sido abordadas em duas obras. A primeira foi *Marxismo e filosofia da linguagem*, livro publicado em 1929, assinado por Valentin N. Volóchinov e atribuído a Bakhtin, mas cuja autoria continua sendo discutida e até mesmo negada por vários bakhtinólogos russos. Tanto isso é verdade que Serguei Botcharov, grande especialista em Bakhtin e um dos herdeiros de seus direitos autorais, não inclui tais direitos em sua

Posfácio

herança. Não há dúvida de que muitos aspectos do pensamento de Bakhtin estão presentes nesse livro, assim como é notória a diferença na abordagem de vários de seus temas na obra posterior do próprio Bakhtin, sobretudo no que tange à ênfase, a meu ver excessiva, nos condicionamentos sociológicos dos fenômenos língua e linguagem, muito recorrente no livro assinado por Volóchinov. A segunda abordagem dos referidos temas encontra-se em *O discurso no romance*, obra escrita entre 1934 e 1935, assinada pelo próprio Bakhtin e publicada no Brasil primeiro pela editora Hucitec como integrante do livro *Questões de literatura e de estética*, em tradução de Aurora Bernardini e outros, e mais recentemente pela Editora 34 com o título *Teoria do romance I. A estilística*, em tradução minha.

"O discurso no romance" (publicado pela primeira vez na União Soviética em 1972) foi escrito num momento de intensificação do terror de Stálin e seu *entourage* contra a velha guarda bolchevique e a intelectualidade, com prisões, fuzilamentos e confinamentos, em campos de trabalhos forçados, de milhares de escritores, dramaturgos, críticos de arte, cientistas de todas as áreas do conhecimento e todos aqueles sobre quem pairasse a mínima suspeita de simpatizar com qualquer forma de pensamento que não rezasse contritamente o credo da obediência absoluta ao pensamento único que então se consolidava. Tudo isso ocorria sob a égide de uma nova ideologia, que começara a ser forjada na segunda metade dos anos 1920 e foi simbolicamente marcada pelo suicídio de Maiakóvski em 1932. O crítico e historiador da arte Yuri Davídov comenta a nova etapa na evolução do pensamento social e as novas tendências ideológicas no campo das artes e das ciências humanas nos anos 1930 soviéticos:

"Caracterizando essa etapa [...] podemos falar de uma tendência teórica dominante, sob cujo signo transcorria o desenvolvimento geral do pensamento sobre a arte... Mas essa tendência recebeu, por assim dizer, um reforço oficial e reconhecimento nas páginas da única revista de estética e teoria literária em nosso país — a *Literatúrnii Krítik* [O Crítico Literário] — [...] Para se manter à altura da teoria, a estética dos anos 1930 deveria propor sua solução para aquelas questões que permaneceram 'em aberto' ao término dos anos 1920. Visando a tentar resolver essa questão, consolidou-se como princípio, ao lado do *caráter de classe* da arte, um novo princípio — o do *caráter popular* da arte a par com o princípio da *natureza ideológica da consciência artística e o princípio de sua 'veracidade'*. Tratava-se [...] de resolver, por um lado, o problema da 'correlação entre o caráter de classe ou social — em termos mais amplos — com o gnosiológico ou cognitivo, por outro [...] Em linhas gerais, tratava-se de resolver a correlação 'entre a lógica do processo histórico e a lógica interior da criação intelectual em todos os campos da consciência social na ciência, na moral ou na arte."[1]

É nesse clima de reducionismo sociológico que Viktor V. Vinográdov publica *Ótcherki po instorii rússkovo literatúrnovo yaziká XVII-XIX vv* (*Esboço de história da linguagem literária russa dos séculos XVII-XIX*), dando prosseguimento à concepção de uma linguagem literária nacional então dominante na linguística soviética. Como observa V. M. Alpátov:

"Essa concepção de V. V. Vinográdov considerava até certo ponto a heterogeneidade, por exemplo, da língua russa, mas entendia essa heteroge-

---

[1] Yuri Nikoláievitch Davídov, *A arte como fenômeno sociológico*, Moscou, Iskusstvo, 1968, pp. 12-3. Grifos meus.

neidade basicamente como uma contraposição de diferentes formações não literárias (dialetos *lato senso*, dialetos sociais, linguagem vulgar) à linguagem literária comum a todos. Esta era considerada, antes de tudo, como algo único, que unia a todos. Mais tarde (1948-1950), esse enfoque foi canonizado no livro de Stálin *Marxismo e questões de linguística*."[2]

Stálin morre em 1953, mas essas concepções de língua e linguagem, que Bakhtin considera estreitas, perduraram na URSS por mais de uma década após a morte do "gênio", "guia e mestre do proletariado mundial".

Bakhtin, que doravante polemizará com Vinográdov tanto em linguística (cf. "Os gêneros do discurso") quanto em teoria literária e vê a realidade social, a cultura e o conhecimento em processo de formação, não aceita essa concepção de uma língua literária nacional acabada, definitiva, que exclui outras formas sociais de linguagem e se pretende única e comum a todos, porque sente nesse argumento um cheiro de reducionismo "sociológico". Para ele, não existe língua única senão "como um sistema gramatical abstrato de formas normativas", que passa ao largo das "assimilações ideológicas concretas que a preenchem e da contínua formação histórica da língua viva". É essa língua viva que move a "língua nacional", faz dela um organismo dinâmico e abrangente que agasalha os diferentes modos de ser da própria língua através das múltiplas vozes que a povoam. Daí sua concepção de língua como *um continum heterodiscursivo*, que abrange:

---

[2] V. M. Alpátov, "Os problemas da linguística nos textos de M. M. Bakhtin nos anos 1930", *Dialog, Karnaval, Khronotop*, nº 1, 2002, pp. 9-10.

"A estratificação interna de uma língua nacional única em dialetos sociais, maneiras de grupos, jargões profissionais, as linguagens dos gêneros, as linguagens das gerações e das faixas etárias, as linguagens das tendências e dos partidos, as linguagens das autoridades, as linguagens dos círculos e das modas passageiras, as linguagens dos dias sociopolíticos e até das horas."[3]

As reflexões de Bakhtin, que afirma sempre ouvir vozes e vê a língua estruturada sobre a bivocalidade "como fenômeno social em formação histórica e socialmente estratificada", transbordam naquilo que certamente se constitui em sua contribuição fundamental para a compreensão da língua como sistema estratificado: a concepção dos gêneros.

"Essa estratificação se deve antes de tudo aos organismos específicos dos *gêneros*. Esses ou aqueles elementos da língua (lexicológicos, semânticos, sintáticos, etc.) agregam-se estreitamente à diretriz intencional e ao sistema geral de acento desses ou daqueles gêneros: dos gêneros oratórios, publicísticos, dos jornais, revistas, dos gêneros inferiores da literatura (romance vulgar, por exemplo) e, por fim, dos diversos gêneros da grande literatura. Vários elementos da língua ganham o aroma específico desses gêneros: agregam-se aos pontos de vista específicos, aos enfoques, às formas de pensamento, às nuances e aos acentos de dados gêneros."[4]

---

[3] Mikhail Bakhtin, *Teoria do romance I. A estilística*, tradução de Paulo Bezerra, São Paulo, Editora 34, 2015, pp. 29-30.

[4] *Ibidem*, p. 63. As citações de Bakhtin que doravante aparecerão entre aspas, mas sem indicação da fonte, são todas oriundas de "Os gêne-

É verdade que a ideia de gênero aí desenvolvida está vinculada ao heterodiscurso, chave para a interpretação de sua teoria do discurso, e Bakhtin não especifica sua concepção de gênero. Por essa razão, suas reflexões sobre gênero em O *discurso no romance* podem ser consideradas a antessala de "Os gêneros do discurso".

Os gêneros do discurso

Bakhtin define os gêneros do discurso como *tipos relativamente estáveis de enunciados*, elaborados por *campos específicos do emprego da língua* (grifos meus — P.B.). Neste sentido, há três traços distintivos na teoria dos gêneros de Bakhtin: gêneros primários, gêneros secundários e enunciado como unidade dialógica.

Gêneros primários ou simples são todas as inúmeras modalidades de diálogo e comunicação do dia a dia na atividade concreta e cultural, bem como no simples convívio dos homens. Sua heterogeneidade é tão grande que torna impossível estudá-los em um plano único. Cada uma dessas modalidades tem conteúdo específico, acabamento e estilo próprio, ditados pelas condições objetivas de sua formulação e de seu endereçamento. São a manifestação verbalizada concreta das formas múltiplas e vívidas da existência humana em seu dinamismo.

Gêneros secundários ou complexos são os gêneros literários propriamente ditos, mas Bakhtin inclui nesse rol também as pesquisas científicas de toda espécie e os grandes gêneros publicísticos (isto é, voltados para a crônica política e cultural do dia a dia, da atualidade em formação). Esses gêneros, especialmente o romanesco, incorporam e reelabo-

ros do discurso" e "O texto na linguística, na filologia e em outras ciências humanas".

ram diversos gêneros primários que se constituíram na comunicação discursiva imediata. No entanto, ao serem incorporados aos gêneros secundários, esses gêneros primários ou simples passam por uma elaboração ficcional, perdem o vínculo imediato com a realidade concreta e os enunciados reais alheios, passando de "fatos" da vida real a matéria ficcional. Por isso Bakhtin adverte: "a orientação unilateral centrada nos gêneros primários redunda fatalmente na vulgarização de todo o problema".

Essa reflexão de Bakhtin sobre a interação entre gêneros primários e secundários é um traço marcante de sua teoria do romance como gênero em formação, que incorpora as múltiplas formas orais e escritas da comunicação diária. Assim, a teoria dos gêneros lança uma ponte entre a concepção de linguística do mestre e sua teoria literária.

O GÊNERO É UM ENUNCIADO

Os gêneros são "determinados tipos de enunciados estilísticos, temáticos e composicionais relativamente estáveis". Esses três elementos — o estilo, o conteúdo temático e a composição — integram como inseparáveis a totalidade do enunciado e são determinados em iguais proporções pela especificidade de um campo definido da comunicação. Cada enunciado em particular é individual, mas cada campo de emprego da língua elabora seus tipos relativamente estáveis de comunicação, isto é, seus gêneros de discurso. Verifica-se, portanto, uma pertença do individual ao social ou coletivo, pois cada enunciado é individual, mas todo indivíduo pertence a um campo de emprego da língua, que possui seu próprio gênero discursivo. Há, pois, uma socialização do processo comunicativo via enunciados graças à unidade entre o sujeito do enunciado e o gênero discursivo a que ele pertence e no qual ele se comunica com outros sujeitos falantes. Assim, o

Posfácio

enunciado é uma unidade do processo de comunicação marcada pela alternância dos sujeitos do discurso. Desse modo, "o estudo do enunciado como *unidade real da comunicação discursiva*" permite "compreender [...] também a natureza das unidades da língua (enquanto sistema)".

Esses traços distintivos da concepção bakhtiniana de gêneros do discurso se constituem num sistema de comunicação, no qual nossa fala transborda e se funde em formas definidas de gêneros que nos são dados praticamente da mesma maneira como nos é dada nossa língua materna. Logo, como já nascemos num mundo povoado pelas palavras (enunciados) do outro, nossos primeiros contatos com a língua materna já se dão na forma de enunciados ou gêneros do discurso, mesmo que ainda não tenhamos consciência desse fato. No processo de comunicação, tais enunciados se direcionam a outros falantes, são dotados de integridade e acabamento, contatam imediatamente com a realidade do próprio falante e dos outros participantes da comunicação discursiva, têm pleno valor semântico e forma de gênero que se reproduzem em sua tipicidade. Demais, empregamos a língua em formas de "enunciados concretos únicos", que têm uma estrutura triádica constituída de um conteúdo temático relativamente estável, de estilo e de um processo de composição. A essa estrutura triádica do enunciado como unidade basilar da comunicação Bakhtin adiciona um elemento crucial de toda a sua reflexão teórica sobre esse tema: os enunciados se distinguem de outras unidades congêneres pela *alternância dos sujeitos do discurso*, isto é, dos falantes.

O enunciado como unidade da comunicação discursiva. Bakhtin dá ao processo de comunicação um novo formato — o formato dialógico —, ao promover a participante ativo do diálogo o antigo ouvinte passivo dos "desenhos esquemáticos das linguísticas gerais", ao mostrar que "toda compreensão da fala viva, do enunciado vivo é de natureza ativamente responsiva", que toda compreensão (assim como toda fala-afirmação) "é prenhe de resposta", e nessa interação falante-ouvinte o ouvinte se torna falante"; o falante não visa a uma "compreensão passiva" que se limite a dublar "seu pensamento em voz alheia", mas deseja "uma resposta, uma concordância, uma participação, uma objeção" a que ele mesmo possa responder, uma vez que todo falante também "é, por si mesmo, um respondente", ou seja, ele está numa arena de luta entre vozes cujo desdobramento tanto pode resultar em aceitação como em objeção de sua fala. Não há nesse diálogo a primeira nem a última voz, falante e ouvinte integram um processo comunicativo e dialogam por enunciados; cada um desses enunciados é um elo na cadeia de outros enunciados.

O enunciado como um continuum *da comunicação e da cultura*. Bakhtin aponta como característica essencial do enunciado sua capacidade de transcender seu objeto imediato, sempre respondendo de algum modo e em sentido amplo aos enunciados do outro que o antecederam. Desse modo, refletindo os enunciados do outro no processo geral do discurso, refletem antes de tudo os elos precedentes da cadeia comunicativa (às vezes até os mais imediatos e também os muito distantes — *os campos da comunicação cultural.* Por essa razão, Bakhtin afirma que o falante não é um Adão mítico, só relacionado com objetos ainda não nomeados, ou seja, um ser desprovido de antecedentes discursivos, de interlocução, mero receptor mudo de ordens que apenas ouve, não podendo, por conseguinte, ser ativo nem responsivo. Como, segundo Bakhtin, "ser significa comunicar-se pelo diálogo", em termos de realidade e ciência esse Adão bíblico é uma aberração. Ao contrário desse Adão mítico, o falante está inserido numa interlocução, e nesta o objeto do seu discurso se torna palco de encontro com opiniões de interlocutores imediatos, isto é, com opiniões do outro formuladas em enunciados. O enunciado não está voltado só para seu próprio objeto, mas também para os discursos do outro sobre esse objeto. Como esses discursos vão de simples questões do dia a dia a pontos de vista sobre o homem e o mundo, o passado, o presente e o futuro, abrangem um vasto campo da comunicação cultural. Assim, "o enunciado é um elo da cadeia da comunicação discursiva, não pode ser separado dos elos precedentes que o determinaram tanto de fora quanto de dentro, gerando nele atitudes responsivas diretas e ressonâncias dialógicas". Como elo do processo de trocas culturais, o enunciado une passado, presente e futuro, pois "não está ligado apenas aos elos precedentes, mas também aos elos subsequentes da comunicação discursiva", formando, assim, um *continuum* na cadeia histórica da cultura.

Bakhtin amplia e aprofunda ainda mais sua concepção de enunciado como um *continuum* da comunicação cultural e da história ao incluir o romance na categoria de enunciado, ou melhor, de enunciado estético que contata e dialoga com outros enunciados congêneres em sua atualidade ou através dos séculos, isto é, naquele vasto e indefinível lapso temporal que ele chama de *grande tempo*. A obra romanesca é uma "réplica" de um grande diálogo que se estende através dos séculos, "está disposta para a resposta do outro (dos outros), para a sua ativa compreensão responsiva", que pode se dar como "influência educativa sobre os leitores, sobre suas convicções, suas respostas críticas, como influência sobre *seguidores e continuadores*; ela determina as posições responsivas dos outros nas complexas condições de comunicação discursiva no vasto campo da cultura alimentado pela literatura. A obra é um elo na cadeia da comunicação discursiva: como réplica do diálogo, está vinculada a outras obras-enunciados: com aquelas às quais responde, e com aquelas que lhe respondem". O que a separa dessas outras obras são "os limites absolutos da alternância dos sujeitos do discurso". Esses limites absolutos são a distância temporal entre o autor de uma obra e seus interpretadores, qualificados por Bakhtin como *terceiro do diálogo* ou *supradestinatário*, que interpreta dialogicamente a obra numa distância próxima ou através dos séculos. "O fechamento em uma época não permite compreender a futura vida da obra nos séculos subsequentes [...]. As obras dissolvem as fronteiras de sua época, vivem nos séculos, isto é, no *grande tempo*". É nesse *grande tempo* que o supradestinatário a reinterpreta à luz de novas conquistas das ciências humanas.

Essa é, entre tantas outras, uma grande descoberta de Bakhtin: como enunciado, a obra de arte literária é um elo na cadeia da comunicação discursiva no campo da estética, que dissolve as fronteiras dos sistemas literários nacionais e dos tempos que separam as grandes obras da literatura universal, fazendo-as conviverem dialogicamente num grande sistema universal que se realiza no *grande tempo*. Assim, Bakhtin injeta dinamismo no sistema literário universal, superando o velho comparatismo ancilosado e frio.

Metalinguística e outras metas

É fato conhecido que Bakhtin planejava criar uma nova ciência ou disciplina das ciências humanas, que concebia como uma síntese da filologia e da filosofia e teria como espaço as fronteiras da linguística, da antropologia filosófica e da investigação literária. A leitura de "Os gêneros do discurso" e "O texto na linguística..." realmente nos coloca na fronteira de várias disciplinas das ciências humanas. Bakhtin inicia "O texto na linguística..." qualificando sua análise como predominantemente *filosófica* por ela não se prender à linguística, à filologia, à investigação literária ou a qualquer outro campo definido das humanidades. A leitura desse ensaio demonstra que o epíteto *filosófica* realmente procede, pois Bakhtin desenvolve várias concepções teóricas à luz de uma filosofia geral do discurso na vida e nas artes. Assim, encontramos ao longo desse ensaio algumas reflexões teóricas que,

Posfácio

a meu ver, podemos resumir assim: 1) teoria do texto como enunciado e diálogo entre sujeitos ou *textologia*; 2) teoria da compreensão ou interpretação; 3) teoria da autoria centrada na díade autor primário-autor secundário, bem como uma espécie de filosofia da composição da obra literária.

O texto se define como "dado primário ou realidade, como ponto de partida de qualquer disciplina nas ciências humanas", fato que enfatiza a essência empírica da reflexão teórica de Bakhtin, segundo a qual toda teoria tem um objeto; no caso da teoria literária, por exemplo, o objeto é o texto, o texto povoado pelo homem social e suas relações culturais tomadas no mais amplo sentido da palavra. Mas a definição de texto tem outras implicações de ordem comunicativa, pois ele é algo que se desenvolve essencialmente "*na fronteira de duas consciências*", o que muda totalmente a concepção de texto até então dominante nas ciências humanas, porque o concebe como produto de fronteira, como espaço da interação dialógica entre os indivíduos vivos, sujeitos de sua consciência e de sua da cultura. "O espírito (*o meu e o do outro*) não pode ser dado como coisa, mas apenas numa expressão estruturada em signos, na realização em textos tanto para mim quanto para o outro." Trocando em miúdos, o espírito, leia-se a cultura, não pode ser dado como coisa, mas como produto da interação discursiva entre os indivíduos, isto é, como produto de diálogo e interação cultural que os indivíduos entabulam através de textos. O texto como diálogo com outros textos é um tema tão consolidado no pensamento de Bakhtin que, depois de escrever "Os gêneros do discurso", ele o retoma num pequeno ensaio do início dos anos 1940, intitulado "Para uma filosofia das ciências humanas", e publicado em *Estética da criação verbal* com o título "Metodologia das ciências humanas". Aí ele enfatiza que o texto "só tem vida contatando com outro texto (contexto)", que esse contato "é um contato dialógico entre textos (enunciados)". E salienta um aspecto de sua reflexão que deve servir de alerta contra tentativas de tomá-la como ponto de partida para estabelecer diálogos entre textos como se estes falassem. Bakhtin destaca que por trás do contato entre textos "está o contato entre indivíduos e não entre coisas [...]. Se transformarmos o diálogo em um texto contínuo, isto é, se apagarmos a divisão das vozes (a alternância de sujeitos falantes) [...] o sentido profundo (infinito) desaparecerá (bateremos contra o fundo, poremos um ponto morto)".[5]

Resumindo as reflexões de Bakhtin sobre o texto, pode-se afirmar que, ao considerar o texto um enunciado voltado para o tripé pergunta-resposta-pergunta do outro, ele criou de fato uma *textologia* na qual o texto é enfocado como um organismo vivo e um diálogo entre os sujeitos que o articulam. O historiador e filósofo russo V. S. Bíbler (1918-2000), grande estudioso de Bakhtin, criador do diálogo de culturas e autor do livro *M. M. Bakhtin ou Uma poética da cultura* (1991), enfatiza essa estrutura dialógica do texto:

> "Para Bakhtin, o texto é sempre uma 'unidade-díade'. No texto o homem está personificado como sua voz direcionada a nós; o texto nos é dado como a uma outra voz, que interroga esse texto (acerca do seu sentido, acerca do seu autor) e — através do texto — interroga o autor. Mas acontece que o próprio 'texto' (o discurso fixado 'no papel', num 'manuscrito' em seu sentido mais amplo, sempre interroga, responde, duvida, almeja a compreensão, presta ouvidos no discurso alheio. Por isso é insuficiente interrogar esse texto."[6]

[5] Mikhail Bakhtin, *Estética da criação verbal*, tradução de Paulo Bezerra, São Paulo, Martins Fontes, 2003, 4ª ed., p. 401.

[6] V. S. Bíbler, *M. M. Bakhtin ou Uma poética da cultura*, cap. 4, "Diálogo e cultura", Moscou, Progress & Gnozis, 1991, disponível em <http://www.bibler.ru/bim_bakhtin.html#d_i_k>.

Compreensão-interpretação

Na perspectiva teórica bakhtiniana, toda compreensão é responsiva, seja ela entre dois (ou mais) falantes num simples diálogo sobre temas do cotidiano, que Bakhtin considera uma interação de enunciados-textos, seja na forma mais ampla e complexa de um texto maior, digamos, um texto literário. Neste a "unidade-díade" referida por Bíbler é superada pelo terceiro do diálogo ou *supradestinatário* bakhtiniano, o que amplia consideravelmente o espaço da compreensão-interpretação.

Bíbler analisa de uma perspectiva filosófica, portanto mais ampla e abrangente, a teoria da *compreensão* (interpretação) de Bakhtin, que ele considera uma reviravolta particular e necessária no pensamento "acerca da cultura", no pensamento *na* cultura, e destaca alguns aspectos centrais dessa teoria:

"A 'compreensão' em Bakhtin só tem sentido como *intercompreensão* (entre o autor de um texto e seu leitor, seu ouvinte). Neste plano, a compreensão (intercompreensão) pode ser contraposta à explicação unidirecionada (alguém, armado de sua superioridade, 'explica'; alguém se submete obedientemente a essa 'explicação') e à 'empatia' sacrificial, à 'compenetração' na intenção do autor (quando desaparece o 'afastamento' do leitor, quando me fundo com a individualidade do autor e eu mesmo já não existo ou... não existe aquele 'eu' que interpreta o outro e o texto do outro não interessa a ninguém, é secundário). Para Bakhtin, a 'intercompreensão' subentende que o sentido de qualquer texto consiste justamente em ser ele interrogativo, responsivo, que o próprio texto vive da aspiração a *mim* — àquele a quem o autor se dirige (imediatamente ou através dos séculos na tentativa de *entendê-lo* (leia-se entender o supradestinatário no tempo imediatamente posterior à escrita e publicação da obra, ou pequeno tempo, e na distância imensurável, ou no *grande tempo*). Contudo, também é claro que, ao responder às minhas perguntas (o próprio autor não se fez essas perguntas) e ao me fazer suas perguntas, o autor do texto muda permanentemente (junto comigo), evolui, ou melhor, evolui e aprofunda-se o seu texto. E este é um fenômeno inevitável da compreensão como *intercompreensão*."[7]

Poderíamos discutir as considerações de Bíbler sobre "explicação unidirecionada", o discurso autoritário ("da superioridade") para alguém que a ele "se submete obedientemente" e com ele entra em "empatia sacrificial", negando aquela condição de ouvinte responsivo e sujeito do próprio discurso (veja-se o exemplo do Adão mítico citado por Bakhtin), mas deixaremos isto para os leitores de *Os gêneros do discurso*. Quero salientar apenas a ênfase no sentido interrogativo e responsivo de qualquer texto, que é a essência da teoria de Bakhtin, que assim define a questão: "Chamo *sentido* às respostas a perguntas. Aquilo que não responde a nenhuma pergunta não tem sentido".[8] Quero salientar uma observação a meu ver fundamental de Bíbler: no processo de sua existência, o texto de uma obra literária "evolui e

---

[7] V. S. Bíbler, *op. cit.*

[8] Mikhail Bakhtin, "Apontamentos de 1970-1971", em *Estética da criação verbal*, cit., p. 381.

Posfácio

aprofunda-se", o que sintetiza a concepção bakhtiniana de texto como discurso aberto a novas interpretações dos supra-destinatários no *grande tempo*, aberto a novos sentidos proporcionados por novas conquistas das ciências humanas.

Bakhtin parte da categoria narrativo-composicional de imagem de autor lançada por Viktor Vinográdov, com quem ele polemiza ao longo dos dois ensaios que compõem o presente livro. A princípio discorda dela por considerar a imagem de autor um *contradictio in adjecto*, mas acaba incorporando a ideia, se bem que na forma de uma filosofia da composição da obra literária. Ele desenvolve uma engenhosa teoria da autoria baseada na díade autor primário-autor secundário. Autor primário é o autor real, a pessoa biografada, que está fora da obra e Bakhtin chama de natureza criadora. Autor secundário é um autor imanente à estrutura da obra, é natureza criada mas que também cria de dentro dessa estrutura. Essa categoria composicional de Bakhtin é um elemento importantíssimo para a análise de "narradores" de Machado de Assis como Aires e Brás Cubas, por exemplo, que vejo como autores secundários. Exemplos semelhantes podem ser encontrados em outros autores brasileiros como Graciliano Ramos e Clarice Lispector.

As reflexões estéticas de Bakhtin culminam numa análise breve, porém percuciente, do plano geral de construção da obra literária e das personagens, bem como das relações internas da obra. Assim, o presente livro é um amálgama de diálogos entre ciências fronteiriças como linguística, filologia, filosofia, antropologia, psicologia da recepção e teoria literária, que Bakhtin planejava fundir numa única ciência multidisciplinar que concebia como *metalinguística*.

Se tivéssemos de escolher um "herói" para as reflexões gerais de Bakhtin em torno do conjunto das ciências humanas, certamente escolheríamos um: o discurso. Mas o discurso visto de uma perspectiva filosófica tão ampla que não cabe no leito de Procusto das definições correntes nas ciências humanas, especialmente na linguística e na teoria literária.

Vejamos a opinião de alguns dos mais importantes bakhtinólogos russos sobre a intuição bakhtiniana voltada para uma nova ciência. Serguei Botcharov afirma que o interesse filosófico primordial de Bakhtin está centrado na palavra enquanto componente primeiro e principal de todo discurso, e arremata:

> "Bakhtin enfoca a palavra como *categoria* num grau consideravelmente generalizado; sob esse enfoque a palavra é *enunciado*, é *réplica*, é *discurso*, é *texto*. Até o silêncio pode tornar-se palavra (veja--se o chamado silêncio eloquente), contanto que signifique alguma coisa."[9]

I. V. Pechkóv aponta a contribuição essencial da epistemologia bakhtiniana para as ciências humanas atuais:

> "É indiscutível que, por seus interesses e concepções, Bakhtin é um filósofo, é mais que um filólogo. Não se trata de ter ele criado um campo especial do conhecimento, que não cabe inteiramente na tradição de nenhuma das ciências humanas hoje em vigor, mas de ter proposto um método de conhecimento essencialmente novo que, além de não se contrapor aos métodos já elaborados pelas ciências humanas atuais, ainda os completa."[10]

---

[9] Serguei Botcharov, "M. M. Bakhtin: da filologia à filosofia, da metalinguagem (metarretórica) à filosofia da linguagem", revista eletrônica *Anthropology*, 2006, <http://anthropology.ru/ru/text/bocharov-ab/mm--bahtin-ot-filologii-k-filosofii-ot-metalingvistiki-metaritoriki-k-filosofii>.

[10] *Apud* Serguei Botcharov, *op. cit.*, p. 2.

M. Ríklin resume assim o perfil de Bakhtin como pensador:

> "Para ser filósofo ele precisava dedicar-se à investigação literária e à linguista, mas para ser historiador dessa modalidade de literatura não podia evitar a filosofia... Entre as intuições que lhe são atribuídas figura a conscientização de que as fontes da literalidade devem ser procuradas na literatura como gênero."

E Ríklin, numa reflexão bem próxima à concepção do filósofo Bíbler sobre a obra de Bakhtin como uma poética crítica da cultura, chega à seguinte conclusão: "A literatura e as práticas discursivas que a sedimentam podem ser e de fato são a filosofia de um tipo especial de cultura".[11]

O que se pode concluir é que *Os gêneros do discurso* é uma espécie de epistemologia geral dos discursos em vários campos das ciências humanas e da comunicação discursiva, podendo servir como fonte valiosíssima de estudo da língua, da literatura e de outras modalidades de conhecimento.

[11] *Apud* Serguei Botcharov, *op. cit.*, p. 4.

Sobre o autor

Mikhail Bakhtin nasceu em 17 de novembro de 1895 em Oriol, na Rússia, em uma família aristocrática, e passou a infância nas cidades de Oriol, Vilna e Odessa. Ingressou na Universidade de Odessa em 1913 e prosseguiu os estudos na Universidade Imperial de Petrogrado (hoje Universidade Estatal de São Petersburgo), onde permaneceu até 1918. Neste ano mudou-se para Nével (na atual Bielorrússia), onde foi professor de história, sociologia e língua russa durante a guerra civil, transferindo-se em 1920 para a capital regional Vitebsk. Nessa época liderou um grupo de intelectuais que ficaria mais tarde conhecido como Círculo de Bakhtin, e que incluía nomes como Matvei Kagan, Maria Iúdina, Lev Pumpianski, Ivan Solertinski, Valentin Volóchinov e Pável Medviédev. Em 1921 casou-se com Ielena Aleksándrovna Okólovitch, e em 1924 o casal se mudou para São Petersburgo, então chamada Leningrado.

Em dezembro de 1928, Bakhtin foi preso por participar do círculo filosófico-religioso Voskressênie (Ressurreição). Nessa mesma época, publicou um de seus trabalhos mais importantes, *Problemas da obra de Dostoiévski* (1929), mais tarde revisto. Em 1928 e 1929 também são publicados dois livros fundamentais do Círculo da Bakhtin: respectivamente *O método formal dos estudos literários*, de Medviédev, e *Marxismo e filosofia da linguagem*, de Volóchinov, que chegaram a ser atribuídos ao próprio Bakhtin. Inicialmente condenado a cinco anos em um campo de trabalhos forçados, Bakhtin teve, devido à saúde frágil, a pena comutada para o exílio em Kustanai, no Cazaquistão, onde viveu entre 1930 e 1936.

Mesmo depois de terminado o período de degredo, Bakhtin continuou proibido de viver em grandes cidades e permaneceu com extrema dificuldade para publicar seus trabalhos. Depois de algumas mudanças estabeleceu-se em Saransk, onde trabalhou no Instituto Pedagógico da Mordóvia entre 1936 e 1937. Com a turbulência política, precisou abandonar Saransk ainda em 1937, morando clandestinamente em casas de amigos em Moscou e Leningrado, e depois conseguindo uma residência em Saviólovo, próximo a Moscou, no distrito de Kimri, onde lecionou em duas escolas de ensino médio até 1945. Ainda em 1938, a doença crônica de que sofria, a osteomielite, se agravou, e Bakhtin precisou amputar uma perna. Nesse período redigiu sua famosa tese de doutorado sobre François Rabelais, defendida no Instituto de Literatura Mundial, em Moscou, em 1946. A tese gerou polêmica, e o título pleno de doutor lhe foi negado. Também nessa época foi escrito o ciclo de trabalhos sobre o gênero romanesco, nos quais o autor desenvolveu o conceito de cronotopo. As obras desse produtivo período em Saviólovo só seriam publicadas décadas mais tarde. De volta a Saransk, em 1945, o autor retomou o posto de professor de literatura universal no Instituto Pedagógico da Mordóvia, instituição que recebeu o status de universidade em 1957, e na qual permaneceu até se aposentar, em 1961.

Desde 1930 Bakhtin não havia publicado quase nada e estava isolado dos principais circuitos acadêmicos e literários da União Soviética. Em 1960, três estudantes de Moscou — Vadim Kójinov, Serguei Botcharov e Gueórgui Gátchev — redescobriram seu livro sobre Dostoiévski e, surpresos em saber que o autor seguia vivo e morava em Saransk, escreveram-lhe uma carta. A partir desse momento seguiu-se uma série de publicações que trouxeram seu nome de volta ao cenário intelectual soviético: a obra sobre Dostoiévski foi completamente revista e publicada novamente sob o título *Problemas da poética de Dostoiévski* (1963); em seguida, publicou *A cultura popular na Idade Média e no Renascimento: o contexto de François Rabelais* (1965) e preparou a coletânea de ensaios *Questões de literatura e de estética*, publicada logo após sua morte. A obra de Bakhtin só veio a ser conhecida no Ocidente a partir de 1967, mesmo ano em que o autor foi oficialmente reabilitado pelo governo russo. Faleceu em 1975 em Moscou, onde seis anos antes fixara residência.

Sobre o tradutor

Paulo Bezerra estudou língua e literatura russa na Universidade Lomonóssov, em Moscou, especializando-se em tradução de obras técnico-científicas e literárias. Após retornar ao Brasil em 1971, fez graduação em Letras na Universidade Gama Filho, no Rio de Janeiro; mestrado (com a dissertação "Carnavalização e história em *Incidente em Antares*") e doutorado (com a tese "A gênese do romance na teoria de Mikhail Bakhtin", sob orientação de Afonso Romano de Sant'Anna) na PUC-RJ; e defendeu tese de livre-docência na FFLCH-USP, "*Bobók*: polêmica e dialogismo", para a qual traduziu e analisou esse conto e sua interação temática com várias obras do universo dostoievskiano. Foi professor de teoria da literatura na Universidade do Estado do Rio de Janeiro, de língua e literatura russa na USP e, posteriormente, de literatura brasileira na Universidade Federal Fluminense, pela qual se aposentou. Recontratado pela UFF, é hoje professor de teoria literária nessa instituição. Exerce também atividade de crítica, tendo publicado diversos artigos em coletâneas, jornais e revistas, sobre literatura e cultura russas, literatura brasileira e ciências sociais.

Na atividade de tradutor, já verteu do russo mais de quarenta obras nos campos da filosofia, da psicologia, da teoria literária e da ficção, destacando-se: *Fundamentos lógicos da ciência* e *A dialética como lógica e teoria do conhecimento*, de P. V. Kopnin; *A filosofia americana no século XX*, de A. S. Bogomólov; *Curso de psicologia geral* (4 volumes), de R. Luria; *Problemas da poética de Dostoiévski, O freudismo, Estética da criação verbal, Os gêneros do discurso, Notas sobre literatura, cultura e ciências humanas, Teoria do romance I: A estilística, Teoria do romance II: As formas do tempo e do cronotopo* e *Teoria do romance III: O romance como gênero literário*, de M. Bakhtin; *A poética do mito*, de E. Melietinski; *As raízes históricas do conto maravilhoso*, de V. Propp; *Psicologia da arte, A tragédia de Hamlet, príncipe da Dinamarca* e *A construção do pensamento e da linguagem*, de L. S. Vigotski; *Memórias*, de A.

Sákharov; e *O estilo de Dostoiévski*, de N. Tchirkóv; no campo da ficção traduziu *Agosto de 1914*, de A. Soljenítsin; cinco contos de N. Gógol reunidos no livro *O capote e outras histórias*; *O herói do nosso tempo*, de M. Liérmontov; *O navio branco*, de T. Aitmátov; *Os filhos da rua Arbat*, de A. Ribakov; *A casa de Púchkin*, de A. Bítov; *O rumor do tempo*, de O. Mandelstam; *Em ritmo de concerto*, de N. Dejniov; *Lady Macbeth do distrito de Mtzensk*, de N. Leskov; além de *O duplo*, *O sonho do titio* e *Sonhos de Petersburgo em verso e prosa* (reunidos no volume *Dois sonhos*), *Escritos da casa morta*, *Bobók*, *Crime e castigo*, *O idiota*, *Os demônios*, *O adolescente* e *Os irmãos Karamázov*, de F. Dostoiévski.

Em 2012 recebeu do governo da Rússia a Medalha Púchkin, por sua contribuição à divulgação da cultura russa no exterior.

Obras do Círculo de Bakhtin publicadas pela Editora 34

Mikhail Bakhtin, *Questões de estilística no ensino da língua*, tradução, posfácio e notas de Sheila Grillo e Ekaterina Vólkova Américo, apresentação de Beth Brait, São Paulo, Editora 34, 2013.

Mikhail Bakhtin, *Teoria do romance I: A estilística (O discurso no romance)*, tradução, prefácio, notas e glossário de Paulo Bezerra, São Paulo, Editora 34, 2015.

Mikhail Bakhtin, *Os gêneros do discurso*, organização, tradução, posfácio e notas de Paulo Bezerra, São Paulo, Editora 34, 2016.

Valentin Volóchinov, *Marxismo e filosofia da linguagem: problemas fundamentais do método sociológico na ciência da linguagem*, tradução, notas e glossário de Sheila Grillo e Ekaterina Vólkova Américo, ensaio introdutório de Sheila Grillo, São Paulo, Editora 34, 2017.

Mikhail Bakhtin, *Notas sobre literatura, cultura e ciências humanas*, organização, tradução, posfácio e notas de Paulo Bezerra, São Paulo, Editora 34, 2017.

Mikhail Bakhtin, *Teoria do romance II: As formas do tempo e do cronotopo*, tradução, posfácio e notas de Paulo Bezerra, São Paulo, Editora 34, 2018.

Mikhail Bakhtin, *Teoria do romance III: O romance como gênero literário*, tradução, posfácio e notas de Paulo Bezerra, São Paulo, Editora 34, 2019.

Valentin Volóchinov, *A palavra na vida e a palavra na poesia: ensaios, artigos, resenhas e poemas*, organização, tradução, ensaio introdutório e notas de Sheila Grillo e Ekaterina Vólkova Américo, São Paulo, Editora 34, 2019.

Este livro foi composto em Sabon, pela Bracher & Malta, com CTP da New Print e impressão da Graphium em papel Pólen Soft 80 g/m² da Cia. Suzano de Papel e Celulose para a Editora 34, em abril de 2022.